[英国]约翰·邓恩 著　方尚芩 译

洛克

牛津通识读本·

Locke

A Very Short Introduction

译林出版社

图书在版编目（CIP）数据

洛克 /（英）约翰 · 邓恩（John Dunn）著；方尚芩译 .—南京：
译林出版社，2020.11（2025.7 重印）
（牛津通识读本）
书名原文：Locke: A Very Short Introduction
ISBN 978-7-5447-8347-7

Ⅰ.①洛…　Ⅱ.①约…　②方…　Ⅲ.①洛克(Locke, John 1632–1704) – 哲学思想 – 思想评论　Ⅳ.①B561.24

中国版本图书馆 CIP 数据核字（2020）第 130779 号

著作权合同登记号　图字：10–2023–122 号

洛克 [英国] 约翰 · 邓恩 / 著　方尚芩 / 译

责任编辑　许　昆　陈　锐
装帧设计　景秋萍
校　　对　戴小娥
责任印制　董　虎

原文出版　Oxford University Press，1984
出版发行　译林出版社
地　　址　南京市湖南路 1 号 A 楼
邮　　箱　yilin@yilin.com
网　　址　www.yilin.com
市场热线　025-86633278
排　　版　南京展望文化发展有限公司
印　　刷　江苏凤凰通达印刷有限公司
开　　本　890 毫米 ×1260 毫米 1/32
印　　张　7.875
插　　页　4
版　　次　2020 年 11 月第 1 版
印　　次　2025 年 7 月第 3 次印刷
书　　号　ISBN 978-7-5447-8347-7
定　　价　39.00 元

序　言

周　濂

在一本小册子里深入而全面地介绍洛克，显然是件不可能完成的任务。约翰·邓恩趋易避难，明智地将洛克的思想生活提炼为两个大问题："人类的认知何以可能？以及，他们应该如何生活？"显然，这不仅是哲学家的问题，也是所有人——无论生活在哪个时代——的共同问题。

这本小书共分三章，分别是"生平"、"基于信任的政治学"，以及"认识、信念与信仰"。这样的安排干净利落地体现出邓恩的三个核心观点：首先，强调哲人生活之于思想的重要性——这也是"剑桥学派"思想史研究的宗旨所在；其次，把"基于信任的政治"视为洛克最重要的政治学遗产；最后，主张只有从神学背景出发才能真正地理解洛克哲学。

上世纪60年代，以彼得·拉斯莱特、邓恩、昆廷·斯金纳和J. G. A.波考克为代表的"剑桥学派"异军突起，他们从历史学的角度出发，主张对政治思想史中的伟大文本进行语境化的理解，因为这些伟大论述往往出自危机时代，是由深刻卷入时代纷争的“一个个活生生的、思考着的、感受着的人写出来的”。

但凡对政治思想史稍有了解的人，都会认同这个判断。公元前399年，柏拉图亲历苏格拉底之死，对雅典民主制丧失信心，自我放逐地中海，周游各邦苦思最佳政体之形式，遂成《理想国》一书；公元410年，“永恒之都”罗马城惨遭西哥特人洗劫，为警示尘世之城的统治者，奥古斯丁从基督教义出发解释罗马陷落的前因后果，写下《上帝之城》；1641年，英国内战如箭在弦上，为求自保霍布斯主动流亡巴黎，此后十年他的政治著述几乎与英国政局变迁保持同步的节奏：1642年霍布斯完成《论公民》，同年英国爆发内战，1649年查理一世被处死，与此同时霍布斯动笔撰写《利维坦》。这样的名单可以拉得很长，康德、黑格尔、詹姆斯·密尔，以及20世纪的以赛亚·伯林、卡尔·施米特、列奥·施特劳斯、汉娜·阿伦特、约翰·罗尔斯，都不只是书斋里的学者、圈椅中的哲人，还以各自的方式回应时代的危机和挑战。

相比上述哲人，洛克对政治的介入有过之而无不及。1666年，时年34岁的洛克遇见沙夫茨伯里伯爵，按照邓恩的说法：“在随后的十四年中，他‘学习顺从’沙夫茨伯里的奇思妙想，并且分享了庇护人跌宕起伏的命运。”洛克追随沙夫茨伯里反对皇权专制，深度介入1679年的《排斥法案》以及1683年刺杀查理二世的“黑麦屋密谋”。在思想上，沙夫茨伯里也深刻地影响了洛克关于经济事务、宗教宽容和政治合法性的观点，经典名著《政府论》正是创作于“排斥危机”时期，直接目的是替辉格党人的反对事业做辩护。

按照这一思路，很容易产生这样的印象：洛克的思考受制于历史的局限，对于解决今天的政治问题并无帮助。有趣的是，在一篇访谈中，邓恩坦承，在写完博士论文之后一度失去了研究洛克的热情，理由正是“洛克在很大程度上仅仅是他那个时代的政治思想家”。所幸邓恩后来意识到，虽然洛克的政治思考立足特定的宗教背景和政治环境，现代人既无法移植他的前提，也不能照搬他的结论，但是洛克仍有不少令人豁然开朗的政治洞见。

事实上，将《政府论》与同时代的政治小册子混为一谈是极为荒谬的事情。没错，它的确分享了特定的时代特征与问题意识，但是《政府论》以及后来的《人类理解论》《论宗教宽容》之所以成为名垂青史的伟大作品，恰恰在于它们在试图回应紧迫的时代问题的同时尝试回答永恒的人类问题。某种意义上，邓恩创作这本小书的主要动机就是为了揭示洛克思想的历史性与永恒性、地方性与普世性的内在张力。

在洛克的所有观点中，邓恩最为激赏关于“信任”的思考。按照洛克的观点，人“依靠信任而活着”，信任的根基在于人对于上帝的信仰，这是维系人类生活的关键所在。无神论的最大威胁在于，它用互相对立的个人利益取代自然法作为人类信任的基础，结果却摧毁了人类信任的基础。由此可见，要想在根子上把握人类生活，就必须同时理解信任的不可或缺和岌岌可危。一方面，以政治生活为例，任何好的政治秩序都必须建立在信任的基础之上，为了获得和平以及随之而来的“安全、舒适和丰饶”，“人们通常都愿意信任统治者，哪怕这份信任远胜于后者所应得”。但是另一方面，信任又始终处在岌岌可危的状态，当统治者背叛信任，违反法律，伤及臣民时，人民将拥有反抗暴君的革命权。

可想而知，洛克的革命权理论在当时的英国极具煽动性，为此他煞费苦心地试图削弱其现实影响力。可是在邓恩看来，真正值得玩味的地方在于，这个看似极端的理论植根于英国人特殊的宪政传统和政治文化，因此有可能削弱它的普适意义。邓恩指出："革命对洛克来说不是一种报复行为，而是一种复原行为，是对遭到破坏的政治秩序的再造。"对于多数英国人来说，诛暴君论和革命权理论不仅顺理成章，而且他们具备如此行动的"政治能力"。可问题在于，这个理论并不适用于"从来没有合法政治秩序可供恢复的地方"，因为在这些地方，所谓革命更像是"报复"，而与"重建"或者"修复"无关。邓恩指出："洛克自己所理解的革命权的核心在于，如此这般的共同体保护自身的行动的权利和能力。他从不认为仅凭正当的报复行为就能无中生有地创造出一个崭新的公民社会。"

作为洛克专家，邓恩最大的理论贡献在于确立了洛克研究的新范式：主张基督教的神启思想是理解洛克哲学的关键所在。按照邓恩的解读，洛克的核心观点，无论是人人平等、自由、私有财产、政治权威的合法性根据，还是人的道德知识，乃至于自然科学，最终都立足神启与上帝的意志。对洛克来说，"真正的道德知识，如同真正的自然科学一样，超出了人类自身的能力范围"。换言之，没有上帝的指引，不仅真正的道德生活不复可能，真正的自然科学也不复可能。

回到洛克思想生活的两个大问题："人类的认知何以可能？以及，他们应该如何生活？"邓恩的结论是，洛克给出的回答缺乏说服力，他关于第一个问题——人类可以认识什么——的认识愈清晰，他对于第二个问题——人类何以有理由过自己的生活——的认识就愈加不可信。因为归根结底，对于"人类仅凭自己的理性，能否在现世过上良好生活？”这个问题，洛克始终充满怀疑。

这真是一个让人失望的结论。不过好在，哲学家之为哲学家，不在于他给出了令人信服的答案，而在于他为我们提供了思考问题的方法和范式，哪怕最终证明此路不通。就此而言，虽然现代人深受洛克失败的影响，但洛克无须为成问题的现代生活负责任。

人类仅凭自己的理性，能否在现世过上良好生活？这是哲学家的问题也是所有人的问题，我们无法推诿责任，我们和哲学家一样有责任认真地回答这些永恒的人类难题。

献给彼得·拉斯莱特

目 录

新版前言

本书首版于1984年，收入牛津大学出版社“逝去的大师”系列，自此以后，在慷慨的朋友和同事们连续不断的激励下，我重新开始思考洛克生平的诸多方面。这些朋友和同事是：昆廷·斯金纳、约翰·凯尼恩、朱迪丝·施克莱、伊什特万·洪特、帕斯夸里·帕斯奎诺、伯纳德·曼宁、奥勒·格雷尔、阿维夏伊·玛格利特、伊恩·哈里斯、约翰·马歇尔、苏迪普塔·卡维拉吉、森尼尔·基尔南尼、加里·麦克道尔，以及最近的伊恩·夏皮罗。我还非常荣幸地加入克拉伦登版《洛克作品选》编委会，与两位主编约翰·约尔顿和桑迪·斯图尔特一起工作。这些经历极大地改变了我对洛克各方面成就之重要性的看法，但并没有修正我在写这本书时对他本人的看法，也没有改变本书所表达出的对他著作内容的判断。这段时间里，我学到很多东西，忘记的也很多。但我还是继续支持本书尽力要传达的画面，并由此选择不修改书中措辞，即便是对一些我如今愿意加以改述之处［譬如用“人”（man）这个术语涵盖一切人类］。

借此次图书再版的机会，我要感谢那些自1983年以来，将
这本有几分随意的学徒作品变作伴随一生的文债的朋友，我还
i 要感谢本书的合作者，牛津大学出版社优秀又投缘的编辑们，尤
其是安吉拉·布莱克本、彼得·莫姆切洛夫和现在的爱玛·西
蒙斯。我还想将此新版献给我无与伦比的研究生导师彼得·拉
斯莱特，以寄哀思；为了让人们对洛克永葆记忆，并使判断洛克
的真实目的成为可能，他所付出的热情、洞察力和不竭精力大大
ii 超过了过去一个多世纪中的任何人。

前　言

洛克将他整个思想生活分为两个大问题：人类的认知何以可能？以及，他们应该如何努力生活？洛克的职业生涯始于大学教师，并最终在很大程度上成了一位“世界人”。其间，他从各个角度对一连串扑朔迷离的问题进行了思考，非常努力的思考：从英国海外贸易的前景和英国货币制度的经济后果，到1680年代的革命政治、对保罗书信的阐释，以及果树培育。他的兴趣如此广泛，而他又如此充满智慧、精力充沛地钻研这些兴趣，无怪乎在他去世后留下了大量令人印象深刻的作品。一本小书无法判定他思想的范围，更无法评估他思想的原创性、揭示其对随后两个世纪思想史的复杂贡献。因此，我不会试图事无巨细地评估他对经济学、神学、政治理论、释经学、伦理学、人类学、认识论、教育学等现代思想不同分支的贡献。（我尤其不愿做一个系统的阐述和批评，将他的认识论陈述为英国经验主义史上的古典时刻。这样做是对其方法的扭曲；在我看来，也无益于阐明当下感兴趣的问题。）相反，我会聚焦于洛克的整个思想生活。多年以来，他如此勇敢而执着地提出了这两个难以应付的大问题，我会试着解释他如何看待这两个问题之间iii 的关系。

在人生最后二十年里，即从1683年到他去世的1704年，“人的认知何以可能”是他投注心力最多的一个问题。尽管人们对他的答案知之甚少，但这一答案标志了世代欧洲人的心灵。今天的哲学家对其优点有着截然不同的看法。有些人认为这或多或少是对一个合理且重要的问题的错误回应；有些人认为这个问题本身是混乱的，因为全面解释人类认知力量的范围和限制的需要十分荒谬，不可能满足；还有些人认为洛克的方法基本正确，不管他在解决问题的过程中犯过什么错。在此，妄想裁决这些不同看法是很冒失的，而设法展示洛克自己如此渴望建构认识论背后的动机，才是至关重要的。

以下是第二个问题，人们应该如何努力生活。这是他思考的起点，而在他生命的尽头，他相信自己在很大程度上回答了人的认知何以可能这个问题，至少在人力所及的范围内回答了这个问题。但是，他对他仅用人力就能够说明“人应该如何努力生活”却远没那么自信。一开始，他曾寄希望于用人类认知能力来解释**为什么**他们应该像他以为的那样努力生活，然而，他所建构的认识论却无法证明这一点。因此，在他看来，他的实践理性论（人们有充足理由去做一件事的理论）遭遇了惨败。和他的认识论不同，实践理性论几乎没有提出一个我们大家可能支持的核心要点。当今一些哲学家根本不认为“人们应该如何努力生活”是一个哲学命题，更多的哲学家认为它的表述并不是很清楚。基于如上理由以及其他理由，洛克开创的理论极有可能从一开

始就是注定要失败的；但是，它仍然具有深刻的指导意义。衡量一位伟大思想家的标准并不总是自信和思想的明晰，至少有时 iv
候，他的伟大之处是戏剧性地由他失败的回响表现出来的。

洛克希望向人们说明：对人在自然中的位置的理性认识要求他们像基督徒一样生活。但是，他实际上说明了，对人在自然中的位置的理性认识并不曾、如今也不会**要求**人们以任何特定方式生活。更糟糕的是，关于如何生活的构想和特定语言文化的历史之间的密切关系，将所有人的生活都置于历史的支配下。即便存在一位设计了供人们幸福生活于其间的整个自然秩序的上帝，人们还是无法只运用自己的理性实践，从这一秩序直接构想出应该如何生活。相反，他们必须在别人或多或少的诱导和威胁下，通过自己的力量和反省，尽可能形成自己的价值观念。

如今，我们关于“我们的认知何以可能”的看法仍要多少归功于洛克。人们更多是从一个得到充分理解的洛克，还是从一个得到甚少理解的洛克身上获益，这仍是一个开放的问题。而如今我们关于“人们应该如何努力生活”的看法，几乎并不直接归功于洛克自己的信念。然而很有可能，我们尚未摸清洛克的失败。总的来说，在当今历史学家和哲学家的讨论中，洛克是一位乐观的思想家，他的乐观主义建立在没有很好地理解我们合在一起更好地理解了的问题上。我在本书中想说明的恰恰相反。我们应该把洛克视作一位悲剧思想家，他早就认识到现代意义上的人类理性存在着深刻矛盾，他将我们自己生命中的一些悲剧观察得如此透彻，而事实上我们自己却仍未看清它们。 v

缩略语

以下缩略语用以指代洛克的相应作品：

E 《人类理解论》，彼得·H.尼迪奇编（克拉伦登出版社，1975）。

EA 《〈人类理解论〉草稿A》，彼得·H.尼迪奇编（谢菲尔德大学哲学系，1980）。

G 《政府二论》，菲利普·艾布拉姆斯编（剑桥大学出版社，1967）。

LC 《约翰·洛克通信集》，E.S.德·比尔编，八卷本（克拉伦登出版社，1976）。

LN 《论自然法》，W.冯·莱登编（克拉伦登出版社，1954）。

LT 《论宗教宽容》，R.克里班斯基与J.W.高夫编（克拉伦登出版社，1968）。

M 《对马勒伯朗士在万物之中见上帝的观点之检视》，《文集》第7版（伦敦，1768），第4卷。

R 《论〈圣经〉中基督教的合理性》，《文集》第7版（伦敦，

1768），第3卷。

T 《政府论》，彼得·拉斯莱特编，第2版（剑桥大学出版社，1967）。

V 《售卖》，印行于J.邓恩，《正义及对洛克政治理论的解读》，《哲学研究》，16/1（1968年2月），第84–87页。

vii W 《约翰·洛克文集》，第7版，四卷本（伦敦，1768）。

洛克重要的手稿文本引自：

D 约翰·邓恩，《约翰·洛克的政治思想》（剑桥大学出版社，1969）。

FB H.R.福克斯·伯恩，《约翰·洛克生平》，两卷本（伦敦，

viii 1876）。

致　谢

在此对迈克尔·艾尔斯深表感谢，感谢他慷慨地将他大部分重要的洛克哲学研究手稿借给我，他对洛克著作的出色认识和理解令我在过去许多年中感到快乐和兴奋。感谢牛津大学出版社的亨利·哈代、基思·托马斯和艾伦·瑞安，他们在书稿的准备过程中给予了我极有帮助的建议，他们展现的耐心远超我所应得。我还要诚挚感谢那些在不同阶段、出于不同原因帮我审读部分草稿或通读草稿的朋友。我还要特别感谢辛西娅·法勒、迈克尔·伊格纳季耶夫、加藤隆史、乔纳森·里尔和昆廷·斯金纳的鼓励、帮助和批评。 xi

第一章

生 平

1632年夏，约翰·洛克出生于萨默塞特郡的一个小村子。1704年10月底，他在好友马沙姆夫妇位于埃塞克斯郡奥兹的乡间别墅中去世。三十五岁以前，他的生活单调乏味，至少在外人眼中是如此。但在1667年后的三十多年间，他却和风云变幻的英国政治密切联系在了一起。直到年近六旬，他才第一次为人所知，声名鹊起。自此之后，几乎所有与洛克通信的人或许都完全不带嘲讽地引用了玛丽·卡尔弗利夫人的话，称洛克是“全世界最伟大的人”（LC IV 105）。实至名归的时候终于到来：他的著作，特别是1689年出版的杰作《人类理解论》，让他以哲学家的身份闻名于世。这样的盛名一直持续至今，从未中断。

到了四十岁，洛克就已经在许多方面与他的萨默塞特出身渐行渐远；余生中，想必他与家人的真实社交距离也逐渐拉远。但是就某些基本方面而言，只要他一息尚存，父母抚育方式对他的影响（无论好坏）在他的情感和态度上就一直处于中心位置。在17世纪，很少有人能自信地评价这类延续性。洛克还有一些

1 怪癖，例如，但凡他写过字的纸稿，都从不丢弃。这对我们来说是极大的幸运，因为他生前的大部分文字都留给了我们。事实上，相较于那些他同时代的或更早的哲学家，我们对他的了解确实更多。大量手稿清晰地展现了成年洛克内心深处持久不变的清教徒式的情感，这种情感将责任感放在他个人生活的中心。他绝不是一个古板无趣的人，但他对人对己都要求甚高；当这些要求没有得到满足时，他就会以激烈的说教口吻予以回应。那些为他赢得不朽声誉的哲学观点大多与清教无关，或许对生活在1632年的清教徒而言，其中许多观点甚至会让他们感到震惊，但是即便如此，赋予他全部思想以完整性和人性深度的那个同一性人格，还是他内心深处的清教徒自我。

洛克的父母都出身于清教徒商人家庭，父亲家是服装商，母亲家是制革商。他的父亲是萨默塞特郡的一名律师，兼任治安
2 法官的书记员，薪水并不算太高；他拥有一些土地，土地本身虽不足以让他和他的儿子过上绅士的生活，却足以让儿子在后来自己最杰出作品的扉页上展示出绅士的形象。单单这样的背景无法保证洛克有一个好前途。他的直系亲属兴趣褊狭，世俗追求也不算成功，但他家结识了一些有权有势的成功人士，其中最重要的要数亚历山大·波帕姆。与洛克的父亲类似，在内战初期，波帕姆是一名萨默塞特议会党人的骑兵军官；后来当上了英格兰西南部诸郡的议会成员，成了国内政界的显赫人物。1647年，波帕姆当选巴斯的议会成员，这一职位让他有机会把自己的律师和袍泽之子送去威斯敏斯特读书。后来，洛克的父亲仍寄希望于得到他有影响力的政界同僚的赞助。这样的机会或许仅有一次——在他儿子从威斯敏斯特通往牛津大学基督教会学院

的关键道路上，这一份有力的赞助似乎必不可少——除此之外，他的希望似乎总会落空。如果说他给这广阔世界带来什么微不足道的影响的话，那就是这位严厉的、晚年有几分怨怼的男人，在他杰出的儿子身上留下了深刻的印记：塑造洛克一生的独立精神和自律力量。

图1　洛克的出生地，萨默塞特的灵顿。即便两百年后看来，这栋建筑也算不得破落茅屋，不过也远称不上宏伟堂皇

以下三大步是了解洛克生平的最简单途径，其中每一步都进一步拉远了洛克与他萨默塞特出身的距离。第一步是去威斯敏斯特和基督教会学院求学，这标志了洛克的家庭资源和合理期望的最大程度延伸。这使得他能轻易地在大学内外得到牧师一职，这份收入平平、小心谨慎的职业或许与他的才智完全匹配。[他的表弟约翰·斯特雷奇曾写道：“有才华之人必须学习

顺从，即便他之所需并非晋升。”（LC I 215）］但即便作为一位
3 前景暗淡的年轻人，洛克显然也并不认同顺从，并且似乎从未被牧师的生涯所吸引。另一种可能从事的职业没有那么传统、就业面更窄，但更合他心意，那就是成为一名医生。事实上，洛克曾经满怀热情地追求这一可能性，他系统研究了几十年的医学，并为他的朋友和熟人提供广泛的医疗建议。他与17世纪最杰出的医学家之一、传染病治疗先驱托马斯·西德纳姆建立了密切的工作关系。西德纳姆对疾病的研究方法是异常自觉而系统的，洛克关于人们如何认识自然的看法很可能受到了这次合作的影响。恰切地说，正是他的医学兴趣，而不是他作为哲学家或神学家的专业知识，赐予了他一生最大的机遇。

第二步发生在1666年。经学医的朋友戴维·托马斯引荐，洛克于该年第一次遇到阿什利勋爵，即后来的沙夫茨伯里伯爵一世，查理二世王廷的政治领袖。这次见面纯属巧合，它缘于阿什利赴牛津阿斯托普温泉之旅；其后果却至关重要，至少对洛克来说是如此。初次晤面后不到一年，他便搬进阿什利在伦敦的宅邸，成为他的雇员。一年后的1668年，在洛克的亲自监督下，他的庇护人接受了一项大型手术，切除了一处化脓性肝囊肿。这次手术力排万难，做得很成功。在随后的十四年中，他“学习顺从”沙夫茨伯里的奇思妙想，并且分享了庇护人跌宕起伏的命运。从平静如死水一般，尽管有时也会起风暴的复辟之地牛津，到受雇于沙夫茨伯里后热火朝天的生活，洛克迈了巨大的一步。虽然洛克本人从未主动放弃他在牛津的一席之地（事实上在1683年流亡后，政府将他从牛津开除了），但在余生中，他的能量、希望和恐惧的影响却在别处。此后，洛克的个人命运随着他庇护

图2　医学先驱托马斯·西德纳姆。他在很大程度上启发了洛克早年对医学和科学方法的理解

人的命运而起伏，甚至到1683年沙夫茨伯里去世后，洛克的命运又随着沙夫茨伯里曾经领导的广大政治团体的命运而起伏。 4

1667至1683年的不同阶段，沙夫茨伯里是查理二世王廷中最位高权重的政治人物，也是最后威胁到并可能计划发动革命推翻查理二世的国内反对派领袖。他的成功和失败都在洛克的

思想上留下深深的印记。沙夫茨伯里不仅教导他如何理解英国
5 政府在国内市场和国际贸易中的经济责任，也教导他把经济繁荣的条件和可能视作治国和衡量任何社会优势时首先考虑的因素。如果说洛克最终在很大程度上将才智用于他所处时代那残酷但富有活力的英国经济中，那么造成这一结果的原因正是沙夫茨伯里。1672年沙夫茨伯里任大法官期间，洛克任职于工会，这与1690年代他任职于威廉的贸易委员会之间存在直接的延续性；而1668年他的第一篇经济学文章中的经济学观点，也与他为向威廉政府建言献策、为调控利率而写的主要作品之间存在直接的延续性。同样，在内容上，或许并非在动机上，直接相关的还有，沙夫茨伯里面对英国国教复辟仍宽容新教徒的坚定行为，与洛克在生命最后二十年中为出版宽容和自由而从事的或公开或秘密的英勇活动。显而易见的关联还存在于沙夫茨伯里在所谓的“排斥危机”（即剥夺查理二世信奉天主教的弟弟——约克公爵詹姆士王位继承权的努力）中，对政治合法性的代议制基础有些迟来的坚持，与洛克在《政府论》中认为公众有权只在一致同意的情况下接受统治，并有权抵抗不正当权力的雄辩之间。

毫无疑问，这些影响在很大程度上只是来自为沙夫茨伯里工作而获得的经验，这些经验实际上为洛克提供了一个观看社会和政治世界的崭新视角。但同样显而易见的是，这些影响是深刻的个人影响。洛克一生结交了许多关系甚密的朋友，以及许多没有那么亲密，但手握大权、富有、智力超群的朋友，如彭布罗克、萨默斯那样的政要，罗伯特·波义耳、艾萨克·牛顿那样的科学家，以及林博赫那样的神学家。当然，无论沙夫茨伯里多

图3　洛克伟大的庇护人沙夫茨伯里伯爵一世。他是查理二世的重臣以及后来的强劲对手

么欣赏和尊重洛克本人，他都不仅是洛克的朋友，更是他的庇护人。这样的友谊显然是不对等的，但他们之间并不缺乏深厚的 6
感情，在这十六年中，洛克伟大的庇护人显然将他变为了一个完全不同的人。

有一对不可思议的形象塑造了洛克的成年生活：一个是失败的父亲，笨拙而压抑；一个是光彩夺目、不值得信任、魅力无
7 限，却在生命的尽头壮烈失败的朝臣。这一对形象虽则不可思议，却在某些方面异常有利。任一形象都在想象中极好地抵消了另一个的缺点：前者忧心忡忡、怀着根深蒂固的顾虑，后者强而有力、不顾一切、不负责任。两者都死亡以后，他们之间的张力成就了洛克哲学非凡的思想框架。

第三步是对哲学理解的投入。与进入威斯敏斯特和牛津、为沙夫茨伯里工作相比，这一步在外人眼里非常不明显，是一个渐进的过程。洛克对政治权威与政治宽容、伦理学与认识论等哲学问题的关注至少可以追溯到1650年代末。事实上，假设他真的接受了神职、从未遇到沙夫茨伯里，并且余生都在牛津大学执教，也没有理由认为他后来不会去思考哲学、从事哲学写作；他也不会直至自己年迈多病，方才成功地从自从为沙夫茨伯里工作开始就卷入其中的政治和公众责任中解脱出来。如果说从1667年到他离世前不久，哲学和政治都在争夺他的精力和关注的话，那么在他人生的不同阶段，二者便以迥然不同的方式寻求着某种平衡。

截至1667年，洛克在牛津大学基督教会学院做了十五年学者，其间他的哲学写作基本上仅限于两部作品。其一是《政府二论》，这两篇论文指出了宗教宽容论的缺陷，一篇用英文、另一篇用拉丁文写成，创作于1660年和1661年，直到20世纪才正式出版。其二是《论自然法》，这是关于自然法的拉丁文系列讲稿，1664年由他作为基督教会学院的道德哲学审查员发表，同样到20世纪才正式出版。在以后的数十年中，宗教自由的范围和限

度以及人们应该如何生活，仍是洛克思考的核心问题。然而，这 8
两部作品并不具备他成熟作品中的广阔视野和紧迫性，而是体现出一种非常不同的政治态度。这些年来，牛津为他的才智所提供的最重要机会，不是开始构建和表达我们如今认为的哲学观点，而是参与到波义耳、胡克、洛厄和西德纳姆的化学研究和医学研究中去。洛克不仅从中认识到持之以恒、训练有素的观察的价值所在，也体会到人在试图掌握自然奥秘时的谦逊、耐心和勤勉。洛克在一份手稿中提到西德纳姆在1669年说的一句话：

> 世上真正的知识首先是由经验和理性观察得来，但是骄傲的人对他所掌握的有用知识并不满足，仍然想要刺探隐藏着的原因，放下既有原则，自行对自然的运作设立准则，徒劳地寄希望于自然或真正的神会按照人类自我预设的准则行事。

正是在这一探究实践科学的背景下，洛克将他对科学革命早期两位伟大的大陆哲学家的阅读派上了用场——1660年代末，他深受勒内·笛卡尔和皮埃尔·伽桑狄影响，而他较成熟的理论在许多方面相当接近后者的观点。但是，正如他告诉马沙姆夫人的那样，是笛卡尔的观点第一次激发了他对哲学的强烈兴趣，让他想尝试精确、系统地理解人类“能够”知道什么。他在《人类理解论》的《赠读者》中说道，此书试图“检验我们自己的能力，发现何种对象是我们的理解力适合或不适合处理的”。实际上，《人类理解论》的大部分内容直到1680年代末才完成，但早在1671年，许多由其主要论点延伸开去的草稿就已经写出

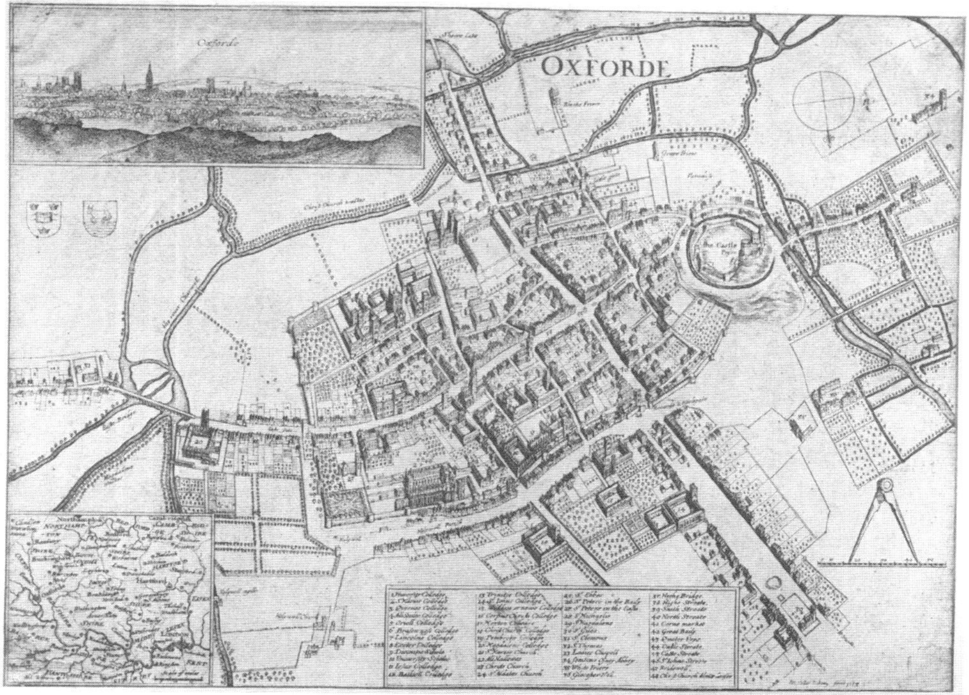

图4　中世纪的牛津。宗教宽容问题演变成不光彩的学院间口角（学院下水道内的法衣事件）

来了。除了这些《人类理解论》的最初草稿之外，洛克在这段时间还创作了其他重要作品：1668年关于政府调控利率的无效努力的长篇手稿；1667年论宽容的文章，这篇文章完全依照沙夫茨伯里的政策来讨论问题，断然改变了他自己在1660年代初更加独裁的观点。但是总的来说，这些年他忙于为作为殖民地所有者、大地主和内阁阁员的沙夫茨伯里处理公共或私人行政事务，以至于很少有余暇继续创作哲学作品。到了1675年，沙夫茨伯里坚决反对丹比执政的国王政府，洛克自己的身体状况也很糟糕。接下来三年半，沙夫茨伯里处境极为危险，洛克旅居法国，他的大多数时光是在沙夫茨伯里一位富有的政治伙伴之子凯莱布·班克斯令人厌烦的陪伴下度过的。在旅居法国期间，洛克结识了不少医生、科学家和神学家，并和他们中的许多人成了亲密的朋友。他还翻译了詹森派教徒皮埃尔·尼科勒的一些论道德的文章。但他自己似乎并没有写出任何原创作品。 10

从1679年4月底重回伦敦，到1683年夏末流亡鹿特丹，这四年是他生命中一段晦暗不明的时光。洛克于1675年动身前往法国，彼时他的庇护人沙夫茨伯里已经在王廷内失去了政治影响力。即便如此，洛克“在他的书房和密室”中的工作已经不限于“国务大臣的事务”。例如，他很有可能起草了1675年的小册子《一位贵人致乡间友人的信》，沙夫茨伯里已经在其中开始制订反对计划。这本小册子因遭刽子手公开烧毁而声名大振。1679年，沙夫茨伯里愈加激烈地反对查理二世政府的政策。在接下来历时四年的“排斥危机”中，他组织并领导了一场反对王室的国内政治运动，旨在加强对王权的宪法制约，保护由竞选产 11
生的下院的权利，并阻止查理二世信奉天主教的弟弟詹姆士继承王位。这场斗争艰苦而危险，因为行使法律所承认的政治权利与叛国罪之间很难划清界限。但是毫无疑问，查理急于在尽可能早的阶段划界。直到1682年，如果不是更早的话，沙夫茨伯里本人、洛克、阿尔杰农·西德尼、威廉·罗素勋爵和埃塞克斯伯爵都是在拿自己的生命冒险。在这次事件中，沙夫茨伯里至少设法逃到了荷兰，不久就在那里去世了。1683年6月，“黑麦屋密谋”试图在查理和詹姆士从纽马基特赛马会返程途中绑架他们，事败后，西德尼、罗素和埃塞克斯统统被捕。埃塞克斯旋即自尽于伦敦塔，罗素和西德尼也被处绞刑。在西德尼的审判中，有一项罪状是撰写煽动性手稿，其中包括对罗伯特·费尔默爵士极端保皇主义的小册子《先祖论》的长篇攻击，这些攻击在西德尼被处决之后发表出来，即他的《论政府》。当然，洛克在1683年夏末也受到政府的密切监视，即便他算不上埃塞克斯、罗素，甚至是西德尼那样重要的政治人物。但是现在我们可以清楚看到，他那时也有一部极具煽动性的手稿《政府论》，它同样攻击了费尔默的政治理论，并全面认可人们对即便合法的君主的革命权利，前提是这位君主严重滥用了他的权力。最后的结果是，1683年9月，洛克成功逃过一劫，流亡荷兰。尽管次年，他在基督教会学院的学者资格被王室勒令取消，并且1685年英国政府还尝试将他引渡回国——以失败告终，但从那以后，他与其他辉格党流亡者的处境便没那么危险了。

他具体在何时、出于什么原因着手写作《政府论》，我们尚
12 不得而知，以后可能依然不得而知。煽动叛乱在17世纪的英国十分危险，在“排斥危机”的背景下写成的《政府论》便是一部极具煽动性的著作。至少自1683年起，洛克便以极为谨慎的神

秘形象示人。然而关于这些年他都在做些什么，我们确实知道一两个有趣的细节。例如，1680年，他在朋友詹姆士·提瑞尔位于奥克利的乡村别墅住了很久，后者于1681年出版了一本攻击罗伯特·费尔默《先祖论》的书。1680到1682年间，提瑞尔和洛克合作完成了一部长篇书稿（仍未发表），站在英国国教护教领袖爱德华·斯蒂林弗利特的对立面，捍卫宽容原则。据一位政府间谍报告，1683年7月，当洛克准备离开牛津之时，正是委托提瑞尔代他保管"好几篮文件"。那些年，对沙夫茨伯里的政治追随者而言，当务之急就是捍卫新教徒的政治和宗教权利，并批评那些拥护绝对王权的最狂热的英国理论家。

1683年夏末开始流亡时，洛克已年过半百，尚未出版任何有意义的作品。我们可以确定的唯一一本为了出版而作的重要著作是《政府论》，这在当时是个危险的源头，并不能作为沾沾自喜的理由。另一方面，尽管流亡并不为人所喜甚至有些危险，但也为洛克提供了一些机会。首先，洛克结交了许多朋友，其中一些还交往甚密，包括英国商人群体、荷兰神学家，以及1685年《南特敕令》废除后认识的法国新教徒流亡者。其次，他排除政治上的干扰，有时间系统深入地思考和写作。或许他的身体不太好，他的世俗前途也不太明朗，但至少他有机会集中力量写作，留给子孙后代实实在在的东西。正是在这几年，他写出了《人类理解论》和《论宗教宽容》。

1688年，随着信奉新教的奥兰治亲王威廉登陆英国，以及信奉罗马天主教的詹姆士二世出逃，洛克的世俗前程光明得多了。次年初，洛克回到英国，在此期间将他三部最伟大的著作一一付梓。其中两部著作属匿名发表：《论宗教宽容》4月先在荷兰以拉丁文出版，10月又在伦敦以英文出版；《政府论》则在年末于伦敦出版。但是《人类理解论》却在12月中旬以精致的对开本形式公之于世，他自己的名字也赫然出现在扉页上。一次举世瞩目的出版首秀就此开场。

在他去世（1704年）前的十五年里，他一如既往地作出了诸多贡献。其中一些是最狭义的政治贡献：巩固威廉在宪法上、政治上的地位；整顿英国货币制度；通过新英格兰银行，为英国建立起有效的信贷制度；为繁荣英国海外贸易，设立一些便于政府更有效地尽职尽责的机构。在如上每一方面，洛克自己都积极投身其中：在后三方面，他是备受国家主要政治家信赖的智囊；而在海外贸易方面，他是新贸易委员会中一位获益颇丰的公职人员。他专注做的这些事都表明，他多少实现了沙夫茨伯里从1660年代末到1670年代初的计划，这个计划从狭隘的英国利益出发，是高度自觉的商业资本主义计划。在光荣革命后各派和解的法律和政治格局下，洛克扮演了一个谨慎有余、影响力又相当不足的角色。同样可以想见，在宪制改革的核心问题以及经选举产生的立法机关的政治权力增强的影响下，货币、财政、经济政策的实际结果比他希望的走得还要远。或许更重要的是，
14 《革命稳固法》的政治性质显然远比政府经济政策的技术细节融入了他更深厚的情感和信念；他也显然在更宽广、更少沙文主义的语境下看待前者的重要性。

在“排斥危机”以及接下来的流亡荷兰时期，洛克与荷兰阿米念派神学家、商人和更年轻的胡格诺派流亡者为伴，维持着宽容而复杂的关系，其间他逐渐认识到欧洲新教的利益与政治自由的利益紧密联系。路易十四的天主教专制与它对幸存的新教国

家的直接武力威胁、它对宗教统一性的固执，在政治上象征了洛克所憎恶的一切：将人类的傲慢、野心、堕落和上帝的意图深深地混淆在一起。洛克迈进沙夫茨伯里宅邸不久，他对新教徒的宽容观便转变为更放松的实用态度。随后几年，这种超然态度逐渐消失，他开始看到（更重要的是，开始感觉到），宗教问题越来越不是国家政策的问题，而是个体人权的问题。在洛克流亡的近六年里，英国王室转向天主教专制，路易十四威胁要占领荷兰最后一座重要的欧洲大陆新教堡垒，废除《南特敕令》，致力于摧毁胡格诺派，并派龙骑兵迫使那些不幸的新教徒改宗天主教；洛克越发恐惧地观察到欧洲的政治、文化甚至是宗教的未来，都因此命悬一线。（这段历史十分惊心动魄，足以为英语增添一个动词。）为了回应这些事件，对抗欧洲而不仅仅是英国所处的险境，洛克写了《论宗教宽容》；与他其余几部生前出版的著作不同，这本书最初是用至今仍为欧洲知识分子国际语言的拉丁文印刷的。

到了1689年，“新教之风”将奥兰治的威廉从海峡彼岸安全地带来了，天平终于开始向洛克想望的方向倾斜。《论宗教宽容》由一神论商人威廉·波普尔翻译成英文，如前文所述，这本书在于荷兰首版的同一年便在英国问世。它坚信，任何人只要试图干涉宗教信仰或敬拜，都是渎神放肆。这一坚信远比威廉及其政府谨慎地对新教徒作出的温和让步更加极端。次年4月，牛津教士乔纳斯·普罗斯特著书对《论宗教宽容》展开详尽的攻击，这是洛克的作品头一次获此殊荣。随后数年，洛克发表了两篇长文回复普罗斯特，每一篇也相当于他对自己的回复。

但是，洛克仍不愿公开《论宗教宽容》和《政府论》的作者身份，甚至当朋友们轻率地或者无心地扬言要公开作者身份时，

图5　洛克第一次公开捍卫宗教宽容权。请注意这是一份（匿名的）荷兰出版物，他谨慎地向朋友林博赫致谢，并同样谨慎地用拉丁文确认自己的和平爱好者、迫害憎恶者和英国人这三重身份

他还十分歇斯底里。即便是洛克真心笃爱的朋友林博赫，也因向他们共同的荷兰朋友承认《论宗教宽容》是洛克所写而受到责备；可怜的提瑞尔虽与洛克关系久经考验，也因为将《政府论》归于洛克名下而备受苛责。一直到1698年（虽然不可否认，当时的环境非常尴尬），洛克仍固执地拒绝向威廉·莫利纽克斯承认自己确实写了《政府论》，哪怕后者是他最亲密和最信任的朋友之一。毋庸置疑，到了这个时候，他是这些作品的作者一事已是众所周知；并且无论从他遗嘱的条款还是从几处十分忸怩的自我表扬例子（W IV 602, 640）都可见，至少对论证的核心内容，他直到去世前都是认可的。何况他在1694年还仔细监印了《政府论》第二版，并致力于修订一个更新的、添加了重要内容的版本——这一版本直到他去世以后才出版。 17

这些年，他还进一步出版了几部比较重要的作品。其中两部关注货币制度，分别出版于1691年和1695年。另一部，《教育漫谈》首次发行于1693年，随后数年再版了三次。这本书源自洛克致友人，萨默塞特郡乡绅爱德华·克拉克和他妻子玛丽的一系列书信，他在信中就他们孩子的健康和抚养问题提供了一些建议。这本书是洛克最易理解的作品之一，对孩子的心理，包括思想和道德两方面的发展表现出一种显而易见的理性态度。除了阐明洛克对一个人如何具备完整人格的看法（主要就是学会控制他或她不那么值得称道的欲望），这本书似乎还对英国人养成进行如厕训练的习惯有些历史重要性，至少在受过教育的阶层中是这样。显然，对这几部著作，洛克没有那么断然地拒绝承认自己的作者身份，尽管其实他并未在著作出版之初就署名。但是对他最后一部毫无疑问十分重要的作品、出版于1695年的

图6　迫害胡格诺派：洛克首次公开捍卫宗教宽容权的焦点和起因

《基督教的合理性》，他再一次果断匿名了。正如结果所表明的那样，他这么做实属事出有因，因为这本书被证明极富争议，曾在两年内以苏西尼主义的罪名遭到约翰·爱德华兹的两次攻击。苏西尼主义是欧洲大陆教义深奥的异教，它强调理性和《圣经》的权威性，拒绝三位一体的教义，爱德华兹将其完全等同于无神论。为了回应这些攻击，洛克匿名并有些狡猾地为自己的作品写了两篇辩护。更加糟糕的是，1696年他再次因类似理由受到一位更强大的对手爱德华·斯蒂林弗利特的攻击。斯蒂林弗利特是不容异己的英国国教护教论者，在“排斥危机”期间洛克和提瑞尔曾联手反驳他的观点，如今他是伍斯特市主教。

此番攻击尤具破坏性，不仅因为苏西尼主义的罪名（不同于无神论的罪名）极为可信，它瞄准了洛克的宗教观，更因为斯蒂林弗利特这项起诉所选择的依据并不是洛克至此最不可能承认为自己作品的文本《基督教的合理性》，而是他根本无法抵赖的《人类理解论》，因为后者自出版之日起就署了他的名，无论如何他都会全力捍卫。1697年，他在三篇进一步的作品中，适时地回应了斯蒂林弗利特。实际上，除却1700年对《人类理解论》第四版所做的修订之外，上述回应构成了他生平思想的最后一次公开表达。

到了人生的这个阶段，洛克的关注范围开始缩小，此时可以更清晰地辨认出他用以保管自己思想遗产的策略。关于他思想成就的范围和局限，我们必须推迟到随后的两章中详细评价。但在这里概述一下这一遗产更为公开的张力和实践意义或许是颇具启发性的。

洛克去世时终于完全承担起对他所有已出版作品的责任。

但是正如我们所看到的，直到那时，他仍急于将《人类理解论》（他一直承认那是他自己的哲学著作）和其他政治、宗教作品区分开。我们并不清楚他为什么如此急于将二者截然分离。的确，或许他也并不能清楚地认识他自己。但是这很有可能基于一个简单的、在1690年后被确切证实的认知，那就是持续掌控一部作品中某些观点的困难，由于这些观点与其他一部或多部作品中进一步讨论的相关观点相提并论而大大增加了。捍卫和修订《人类理解论》本身是一项浩大的工程，洛克一直有理由相信他的杰出成就在于此书。

《人类理解论》所陈述的认识论在某些方面极具怀疑论色
20 彩。虽然洛克自己丝毫不认为它质疑了基督教信仰的真实性，但是他的许多同时代人对此几乎都没有把握，因为如果《人类理解论》的论证是正确的，那么他们所信奉的基督教的特定阐释便一定是错的。出于同样的原因，洛克对人类认识能力的怀疑论调，与对人们有义务去宽容自己所不信或厌恶的宗教信仰的有力强调，或许对宗教信仰明确而坚定的教徒来说是天然伙伴。但是对于宗教信仰没那么坚定的人来说，这两者的结合则是随意而不稳定的，令人担忧。假如洛克坚持宗教宽容的理由是宗教方面的（并且致使他拒绝宽容天主教徒和无神论者），那这种坚持的结果，连同后来他对人类认识能力的理解所造成的影响，或许足以削弱（在很大程度上也确实削弱了）其他人的宗教信念。当然，他的批评者从一开始就迫切坚称存在这一危险，其形式包括爱德华兹的猛烈抨击和斯蒂林弗利特以教会之名的傲慢评价，还包括伟大的德国哲学家莱布尼茨等真正有分量的知识分子的评价。特别是宗教宽容问题，洛克完全有可能在生前看到他在正统的英国国教与愉悦肆意的自然神论之间极端不稳定的政治立场。前者如斯蒂林弗利特的信仰，不过是太阳王专制野心的苍白影子；后者如约翰·托兰的信仰，他不加掩饰地宣称追随洛克的认识论。正如洛克所倡导的，宗教自由就是以自己的方式信教的自由。这绝不是那种完全漠视宗教考虑的自由，如约翰·托兰所认为的那样。

类似的难题出现在1698年《政府论》关于政治责任的论述
中。洛克的好友威廉·莫利纽克斯是爱尔兰议会成员，由于当
时英国下院控制爱尔兰经济并阻止其商品与英国商品竞争，爱
尔兰议会和英国下院发生了冲突。在这个问题上，洛克利用自 21
己贸易委员会成员的身份，密切关注英国的国家政策。1698年，
莫利纽克斯出版了专论此问题的《爱尔兰的状况》一书，这本书后来成了爱尔兰民族主义的经典文本。他在书中认为，一国为另一国立法与《政府论》中的政治权利理论是矛盾的。英国上院受到了极大的冒犯，下令将其销毁；数月内，莫利纽克斯来到英国，第一次与他的朋友晤面详谈。很遗憾，我们无法知道他们是否就这一话题展开讨论；即便如此，这次会面也足够戏剧性。因为莫利纽克斯关于洛克政治理论的论证与1760年代到1770年代美国殖民者的论证极其相似。从詹姆士·奥蒂斯到托马斯·杰斐逊，当美国这些檄文执笔者和发言人想要写点什么的时候，都可以把洛克的任何回应内容拿来直接引用。更有趣的是，正如一位莫利纽克斯的批评者所指出的那样，在爱尔兰的情况中，洛克的理论意味着（如果确实用到了这个理论），不是都柏林议会中住在英国的新教徒乡绅有权控制他们居住地的国家经济，而是爱尔兰本地天主教徒有权这么做。很难想象能有一

个结论比它对洛克更没吸引力，因为他非常厌恶天主教会，并对欧洲新教地缘政治上的弱点忐忑不安。（1698年距博因河战役过去仅八年，该战役是威廉三世为了巩固英国王位而必须面对的最重要的军事行动。）在《政府论》中，洛克试图维护的政治自由是英国新教徒的自由。没有理由认为他不愿将这种自由扩展到天主教国家的天主教徒身上。但他绝不打算将其延伸为爱尔兰天主教徒用以摆脱不列颠王权的那种自由。

22 洛克作品的某些影响只不过是它们所含论证的产物，如果这些影响并不总是他原本期望的，那么全部的复杂思想都会遭遇这一危险。还有一些影响可能是作品抵达读者，尤其是特定范围内读者的方式的产物，对《人类理解论》这本书尤其如此。在英国，《人类理解论》迅速获得了成功，得到了读者的关注，甚至还得到了大学的关注（一般来说，当时的大学对新思想，特别是对危害神学的新思想颇有敌意）。但是它通往欧洲大众的道路就更狭窄、更特别一些。《人类理解论》首次亮相是以法语节选单行本的形式，1688年2月于阿姆斯特丹出版，这个版本原是为收入重要的知识分子刊物《世界文库》而准备的。洛克后来的大多数作品也都在随后几十年里于荷兰出版的各类知识分子刊物上得到了大量评论，这些刊物早年主要由信奉新教的法国流亡者，如皮埃尔·培尔和让·勒克莱尔编辑。由于其中几种刊物传播甚广，洛克的作品得以相对迅速地抵达广大的知识分子群体，尤其是法国读者。第二个重要传播途径更加偶然和私人，也缘于洛克与法国新教的关系。洛克在生命的最后几年中，一直与信奉新教的法国流亡者让·巴贝拉克通信。18世纪初，巴贝拉克就开始大量翻译格劳秀斯、普芬道夫以及其他关于自

图7　博因河战役。1690年7月，威廉在爱尔兰初战告捷，象征新教消除了假定的天主教威胁

然法的主要欧洲文本，并撰写评论。其中，他就伦理和政治议题，对洛克哲学和政治作品的含义第一次作出了完整而十分谨慎的概括。数十年内，在欧洲许多国家，这些文本或许比其他论述伦理和政治的现代著作得到了更广泛的阅读；在英国和欧洲其他国家的许多大学里，这些文本在法学教学的一个主要分支
24 中居于中心位置。正如洛克最重要的哲学思考由笛卡尔和伽桑狄激发，游历欧洲和广泛交友确保了其思想的影响没有受限于不列颠群岛的危险。

在生命的最后十五年里，作为一个年迈多病和声名卓著的人，他终于可以站在一个位置上，更清楚地统观自己的人生，感受自己成就的规模与意义。处在这一成就中心的，是他流亡时期的经历和辛劳。作为沙夫茨伯里的左膀右臂，洛克曾在自己的国家竞争官职和政治权力，过着一种哪怕是马基雅维里都会视为具有政治美德的生活。1689年，从流亡之地回国后，他继续履行政治职责。但是在流亡期间，他有生以来第一次担负起另一些更为紧迫的职责。从根本上说，这是由于他改变了对宽容问题的看法。倘若宗教活动的自由或限制只不过是像国际贸易或国防那样的国家政策，就用不着严肃讨论宗教政策和公民道德了。但如果说，以自己的方式信仰上帝的权利是与任何可能的国家权力相对的个人权利，那么宗教政策的限制就太重要、太令人困惑不解，无法将其留给公民道德去做粗糙的判断。流亡期间，洛克付出了大量的脑力劳动，即写作了《论宗教宽容》和《人类理解论》，由此一遭，洛克不再信任英国的民族主义和英国国家的政治命运，而是相信通过一种共同的宗教善意的文化，并将它分享给他人，让他们更理解这种文化来解决问题。他

哪怕筋疲力尽、疾病缠身，还是竭尽全力在大到全世界、小到英
国为这一文化营造出一个更安全的环境。但是他主要的精力
还是专注于建构并更好地理解这一文化，以及探索人类的能力
到底如何使得他们的生活与上帝的世界协调一致，并让他们知
道他们正在这么做。在这项努力中，他在情感上极度依赖他的
朋友林博赫和威廉·莫利纽克斯，也依赖年轻人，如自然神论者
安东尼·科林斯和未来的大法官彼得·金。人们更容易相信共 25
同的宗教善意，而不是单纯的个人愿望。但是他也依赖，并且需
要依赖至少一种单纯的个人愿望，那就是人们越理解这一文化，
就越容易相信它，并照它生活。他的愿望还在于相信人类的未
来——不是特定政体的未来，而是一种跨越时空的潜在文明的
未来。

伟大的历史运动永远不是个人成就的产物。但是将欧洲启蒙运动视作洛克的遗产确实是公正的：这是他的成就，也是他的悲剧。结果是，并不是人们越理解洛克希望形成的那种文化，就越会相信它并按它生活。相反，它惊人地土崩瓦解了。共同的宗教善意为共同的世俗善意让步，而后者又让步于哪一种世俗意图才是真正的善这样激烈的争论。他对于“人们可以认识什么”的认识愈清晰，他对于“人们何以有理由过自己的生活”的认识就愈加不可信。如果启蒙运动真的是他的遗产，这份遗产绝不是他想传给后人的。

我们所有人都深受其失败影响。 26

第二章

信任的政治学

1660年，洛克开始构思他的头两部重要作品（即如今众所周知的《政府二论》）：一本英文小册子《问题：行政长官是否可以合法地强制、决定使用宗教崇拜中无关紧要的物品》，以及关于同一主题的一部更简短但更系统的拉丁文作品。

1649年，查理二世的父亲被判处绞刑，十一年后，查理二世终于重新登上英国王位；在结束流亡返回英国的时候，他决定永远不再踏上流亡之路。随后二十年里，历届英国政府都力图将各种宗教活动强加给顽抗的臣民，这冒犯了许多人，也没有给多少人带来快乐。政治无序和宗教争论密不可分，大多数英国人因连绵不休的争辩倍感疲惫，渴望和平与安定。洛克的《政府二论》无疑反映了这一年的氛围，它探讨了在此前动荡不安的几十年中一个处于宗教和政治争论中心的议题。此书论证中的细节不甚重要，重要的是理解其议题的主要框架，并认清这一议题给
27 年轻的洛克带来的困境。

这一议题本身非常切实。在一个几乎人人相信基督教真实

性，却对如何实践这一宗教持截然不同观点的国度，应该由谁决定实施哪种宗教实践、禁止哪种宗教实践？例如，是应该成立一个由政治权威支持的基督教会，每一位臣民都不得不隶属于它，并被迫以它规定的形式敬拜上帝；还是应该认为宗教崇拜纯粹关乎个人良心，因为宗教崇拜恰是宗教信仰的真诚表达，是人与上帝之间的私人协议，每个信徒都以自己感到合适的方式去赋形这种崇拜？每一位基督徒都很难全然否定以上两种观点中任意一种的力量，并且每一位都从《新约》中获得某些文本支持。此时，洛克自己清楚地感受到两种观点的力量，既感受到本真性，也感受到秩序与体统。不过，断定两者的优先性对他来说并不困难。

要是宗教实践可以放心地交由个人选择，“假如每个人到了天堂都会为自己的行为承担后果，而不是出于一种热切而难以实现的自负，即假装不是为了自己，而是为了求知、对他人灵魂的关怀或永恒的关切”，那么确实可以“为世界带来安宁，并最终迎来人类长久以错误方式追寻的光辉岁月”。（G 161）但是二十年的宗教纷争显示出这种宽容的危险性。“这些年来”，几乎“所有让基督教世界感到不安的悲剧性革命都揭示了如下问题，即从未有什么图谋像不戴面具的宗教一般邪恶，也从未有什么反叛像名不副实的宗教改革那样善待自己……除了假装建造圣殿，没有什么会摧毁这个**国家**”。（160）“雄心和复仇”与“上帝的事业”混淆，令英国满目疮痍。（161）将本真性的主张凌驾于体统的主张之上，就会引发政治骚乱。1660年，洛克像他的大 28
多数同胞一样，对政治骚乱深感担忧。

体统和本真性两种主张并非仅仅在国内政治舞台上发生

冲撞。洛克之所以会写作这本英文小册子，直接原因是他在基督教会学院的学者同事埃德蒙·巴格肖于1660年9月出版著作《宗教崇拜中无关紧要之事的大问题》。当时，巴格肖激情澎湃地倡导本真性主张，而学院的宗教实践正急剧恢复到他所强烈反对的英国正统宗教。11月，教士的法衣与管风琴重新引入基督教会；翌年1月，学院中巴格肖的支持者偷走了尽可能多的法衣，把它们扔进学院的下水道。洛克拥护在地方、在全国都贯彻权威性主张，强调大多数人是极为不值得信任的：在最糟糕的情况下它会导致无政府状态的现实威胁，而在最乐观的情况下也会大大有碍体统。他所提倡的政治观点粗糙且模糊。有意思的是，这些政治观点坚定地将宗教情感附属于政治需求。无论由来，为了完成任务，政治权威都必须是绝对的。这是由上帝创造世界和人类的方式决定的；除了上帝的明确命令，政治权威不受任何其他限制——这必定出自他的意志。“无关紧要之事”正是关乎上帝没有通过自然和神启表明其意志的问题。（例如，甚至连英国国教徒都认为，上帝并未就是否应穿着法衣这一问题表明其意志。）任何基督教政治理论家都无法否认一个人信奉自己信仰的权利。宗教仪式本身与信仰无关，而是关乎实践。好的基督徒应该按照长官的话语行事，同时信奉自己的信仰。当他们认为，他们无论付出何种代价都不能遵守地方长官的命令时，
29 问题显然就出现了。在宗教仪式方面，这个问题经常出现。“无关紧要之事”这一概念无法在原则上解决它，洛克相应的小册子无法解决它。复辟时期的英国国教也对它束手无策。

在很大程度上，此时洛克自己是通过无视来处理这个问题的。宗教仪式只不过是“无关紧要的”，由人类自行决断即可。

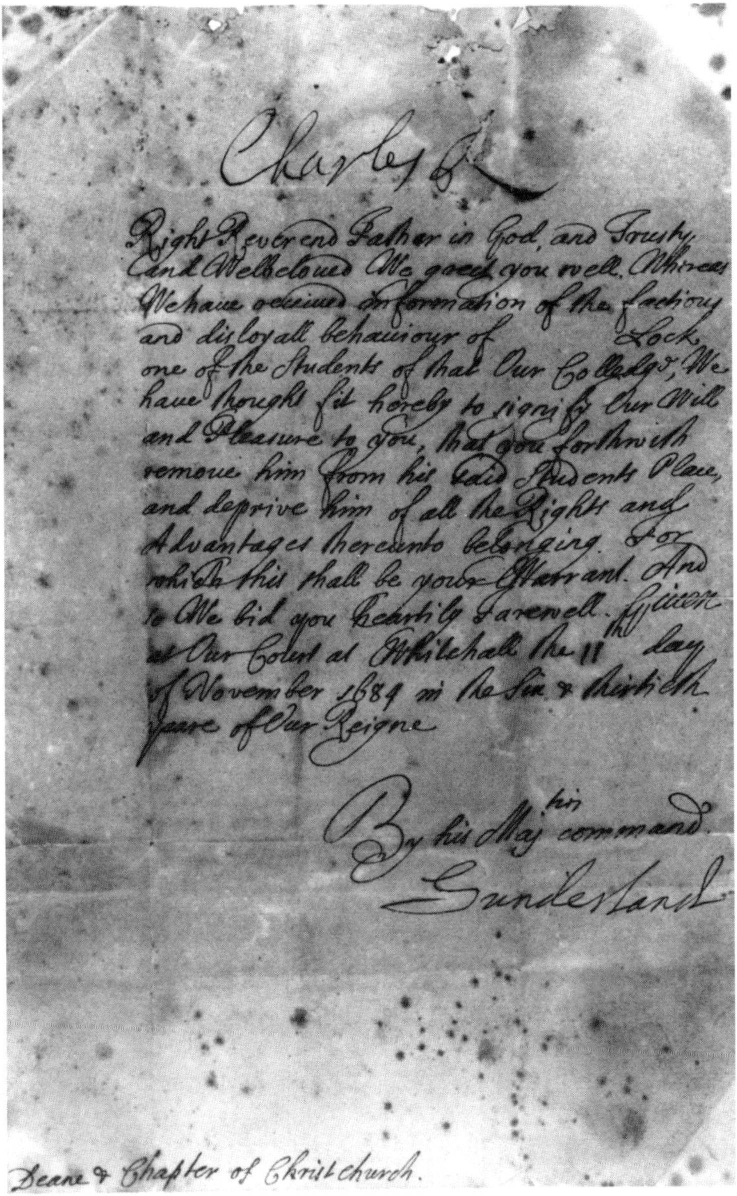

Charles R

Right Reverend Father in God, and Trusty
and Welbeloved We greet you well. Whereas
We have received information of the factious
and disloyall behaviour of Lock,
one of the Students of that Our Colledge; We
have thought fit hereby to signify Our Will
and Pleasure to you, that you forthwith
remove him from his said Students Place,
and deprive him of all the Rights and
Advantages thereunto belonging. For
which this shall be your Warrant. And
so We bid you heartily farewell. Given
at Our Court at Whitehall the 11th day
of November 1684 in the Six & thirtieth
yeare of Our Reigne

By his Majtis command.
Sunderland

Deane & Chapter of Christchurch.

图8　一封谈到基督教会学院开除约翰·洛克的信

而但凡人类自行决断即可的问题都可以交由行政长官以命令决定，因为设置长官的最终目的无非就是排除每个个体判断中的随意偏好。和平需要政治权威，而为了确保和平，政治权威可以做一切上帝没有明令禁止的事。显然，这些观点中没有一个明确指出政治权威具体应该做些什么。

《论宽容的随笔》

七年之后，洛克已经逃离牛津大学教员的陈腐世界，投入为沙夫茨伯里工作的激动人心的生活中；洛克得以从非常不同的角度再一次思考这些问题，并得出了明显不一样的结论。这些思考和结论可以在洛克的《论宽容的随笔》中找到，这部作品与著名的《论宗教宽容》不同，洛克从未将之付梓。他在此书中得出的实际结论跟沙夫茨伯里的观点极为相似：宽容“使得教会在最大程度上实现团结统一”（FB I 194），从而促进社会秩序与和谐。最高长官有责任为了人民的和平和安全管制宗教实践。但就算这位长官始终是法官，判定什么可以促进这些目的的实现，我们也无法再指望他的判断比其他信徒的更值得信赖。他

> 仍然应该保持谨慎，除了出于国家的需要和人民的福祉，再
> 31 没其他任何理由去制定法律、建立约束。或许光是想想这些苛捐杂税和惩处是否必要和便利是不够的，他必须严肃公正地考量和讨论其是否必要和便利。倘若他违背了臣民意愿，倘若这些考量和探究本可以让臣民更好地知情的话，那么他的意见（如果是错的）便剥夺了他制定法律的正当性，除非臣民的良知或意见原谅了他。（FB I 180）

虽然长官的决断权范围广泛到能包括"无关紧要之事"的整个领域,但他行使该权力受到他所服务之目的的严格限制。如果他为了这个目的恪尽职守,那么他甚至不用"在另一个世界为他的所作所为负责,因为那是他尽己所知,为了人民的生存与和平而做的"(I 185)。但是如果他试图干涉臣民的宗教信仰(就像英国国教当局无疑试图干涉新教徒的宗教信仰那样),他的行为就是荒唐和不正当的。每个人都有责任救赎自己,无人有理由将救赎自己的任务交付给另一个必定不具备决断能力的人。(I 176-177)无论如何,即便他希望这么做,事实上也必定没有人**可以**这么做。没有

> 人能赋予另一人权力……因为他自己本没有权力。既然人无法控制自己的理解力,也无法断定自己明天有什么想法,那么,从经验和理解力的性质来看,只有当事物自行浮现出来时人才能理解事物,恰如只有彩虹浮现出颜色时人眼才能看到颜色,无论这些颜色是否真的存在。(I 176)

《论宽容的随笔》向最高统治者阐明了应该如何运用他的决断权。它谨慎地避免了作出最微弱的暗示,即在最高统治者治 32
下,臣民拥有任何自行决断的权利。臣民的职责就是消极服从。但是,在"无关紧要之事"的领域内,洛克已经开辟了一个地带,证明在其中消极服从的确是不可能的。他更明确阐明了这个地带越过了"无关紧要之事"的界线。人的信仰不能屈从于权威的要求;任何人都没有理由按另一个人的命令,放弃他对上帝要求他所做之事的信念。对于有信仰的人,更确切地说,对于有宗

教信仰的人来说，人与人是平等的：无论是“总被通晓世事的人认作、称为野兽的……在自我约束方面跟海水一样没有耐心的群众”（G 158），还是如此迫切需要控制住对彼此施加欺骗与暴力的统治者（FB I 174），都是平等的。每个人都为自己的信仰负全责，都必须在末日审判时向上帝做交代。然而，与此同时，维护社会秩序才是长官必须严肃参与的事，而不是徒劳而无礼地去做神的替身。在非常不同的“排斥危机”的背景下，面对一位充满敌意、一心复仇的统治者，不难看出为何消极服从的职责在洛克看来似乎是邪恶而荒谬的了。

《政府论》

我们不知道洛克写作《政府论》的确切时间。我们甚至无法确定，在1689年出版此书之前不久，他的初稿（或大幅修改）占多大篇幅。事实上，没有什么关键证据证明他在“排斥危机”期间曾写作本书。但是近几十年来，致力于研究这一问题的最富想象力的学者至少在以下两个方面达成了共识。第一，洛克1689年出版的作品中的大量文字，是在1683年夏末他流亡荷兰
33 之前写成的。第二，不同的段落（在1683年仍然保留着）是在此前许多不同年份写出的，这些文本反映了沙夫茨伯里的党派在“排斥危机”时期的许多立场变化。

如同我们今天认为的那样，《政府论》的主要目的是为了维护对不公正权威的抵抗权利，维护在不得已时发起革命的权利。［当然，只要看了此书，还能发现许多其他的重要主题：最初是什么赋予政府合法性的（同意理论）；臣民和统治者该如何解释彼此的关系（信任理论）；人类如何有权拥有财产，其权利的范围

和限度何在（财产理论）；不同种类的人类权威有何异同，尤其是家庭权威和国家权威的差别何在。所有这些问题也都是放在当时英国政治和英国宪政的背景下思考的。］显然，《政府论》开篇就攻击了绝对君主制的自命不凡，并坚定地从中得出结论，要在宪法上对英王的特权加以限制。但是，我们当然并不清楚，洛克在刚开始写作本书的时候，他的目的是不是要捍卫由选举产生的下院的积极不服从的权利，更不用说要让那些在社会上没有正式权威地位、受到侵害的个体臣民享有和使用这种权利了。

《政府论》长而复杂，包含大量论证。当然，其中大多数论证洛克在别处从未提出过。但是，唯有反抗权是明确果断地与他之前著作中所大力捍卫的观点背道而驰的。1660年的《政府二论》和1667年的《论宽容的随笔》显然都声称，面对君主的不正当命令时，臣民的职责是消极服从：当然，这不是说他认可这些 34
命令是正当的，但至少他认可发布这些命令的权威，而不是不惜任何代价用暴力手段阻止这些命令，更别说去攻击其发布者了。在不久前的1676年，他还再一次论证道，尽管人类的政治权威是由人类的法律赋予，但是政治服从的职责是由上帝的法律（“它禁止扰乱和解散政府”）规定，每个人都有义务由衷服从他或她生活于其治下的政府。（D 49 n.）

改变这一观点的直接推动力来自此书构思期间洛克自己参与的政治活动。这是一次思想判断和政治承诺的根本转变，洛克极为彻底地思考了其可能产生的结果。当然，他并没有系统思考他在书中主张的所有观点。他尤其选择避开了对人类何以天生就知道自然法——上帝所指定的具有约束力的法律——这一问题的讨论；根据此书的论证，人的一切权利都以此为依据，

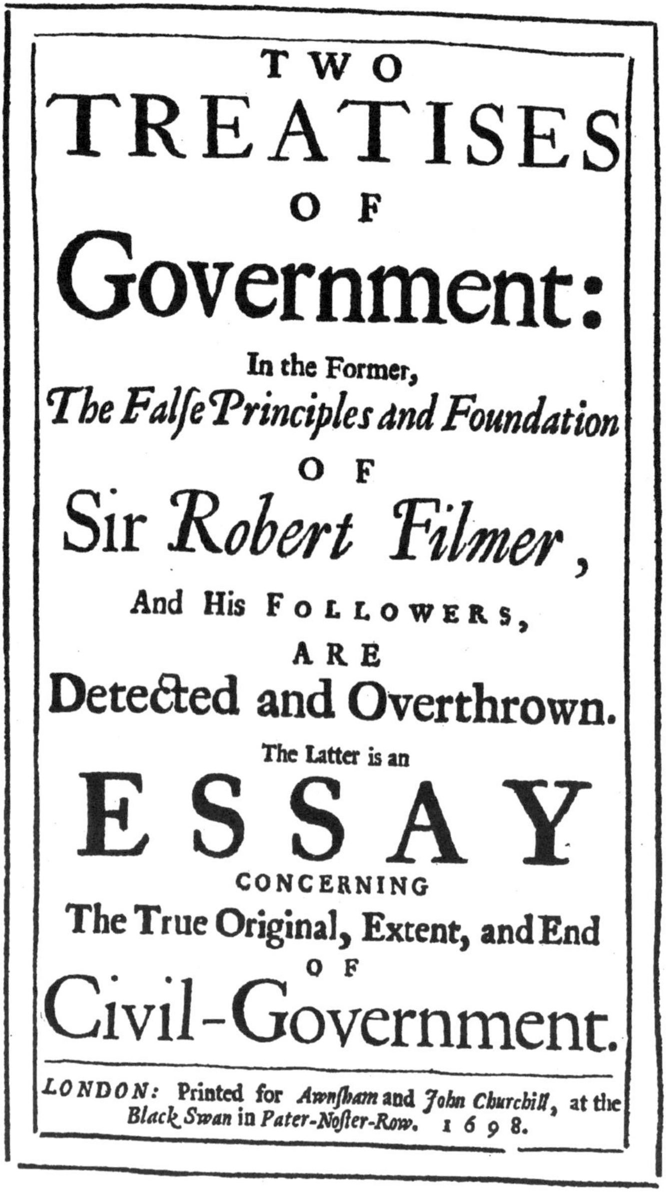

TWO
TREATISES
OF
Government:
In the Former,
The False Principles and Foundation
OF
Sir *Robert Filmer*,
And His FOLLOWERS,
ARE
Detected and Overthrown.
The Latter is an
ESSAY
CONCERNING
The True Original, Extent, and End
OF
Civil-Government.

LONDON: Printed for *Awnsham* and *John Churchill*, at the *Black Swan* in *Pater-Noster-Row*. 1698.

图9　维护反抗权：洛克的《政府论》。注意，此书初版八年后，作者依旧没有署名

人类的大多数责任也或多或少直接来源于此。这一忽略引发了后世政治理论家的诸多评论。在此书出版之时甚至在最近，一些人怀疑它讨论自然法的虔诚论调，认为是含糊而虚伪的。可以肯定的是，1664年，他在基督教会学院做过一场关于自然法的讲座，其间他指出了传统基督教的自然法概念的几个主要困难；要说有什么区别的话，在据记录写于1671年、为《人类理解论》撰写的草稿中，对这些困难的理解加深了。到了1680年，他确切意识到，人类何以**知晓**自然法的内容是大有问题的。但是在《政府论》中他写道，实际上**知晓**自然法对所有人来说都是强制性的，“它如此清晰地铭写在所有人心上”，无论他们在多大程度上拥有选择是否服从的自由。36

总的来说，这些猜测并不中肯。毫无疑问，甚至在洛克自己眼中，他试图解释人类何以知晓自然法的尝试最终失败了。但是有力的证据表明，在1689年《人类理解论》首次出版之后的许多年里，他始终坚持着这一尝试；怀疑其尝试是十分荒谬的，因为他一直希望这一尝试能取得成功。同样显而易见的是，在此时或人生的任何阶段，他并不认为这种观点（例如，托马斯·霍布斯便持有这一观点）有任何吸引力，即极为世俗地认为自然法是一个纯粹出乎人类便利的理论。或许更具吸引力的是后来他在《基督教的合理性》中探索的可能性，即认为人类的义务和权利是以受到神启的基督教教义为直接依据的。即便他同法国神学家波舒哀一道认为可以从《圣经》的字里行间直接推导出政治原则，这也并不能在沙夫茨伯里与查理二世作斗争的过程中，对前者的政治目的有任何助益。在现代无神论者看来，完全有理由怀疑洛克在《政府论》中提出的政治理论，因为很不幸，它的理论基础是如下这种对人类在自然中地位的观念，即每个人应该如何生活这件事完全是受了神的指导。对于如今的大多数人来说（包括许多虔诚的基督徒），这种看法几乎难以理解。然而无论如何，没有任何历史记录让我们有理由怀疑这就是洛克的想法。

在他看来，政治权利来自政治义务，而这两者的起源都是上帝的意志。他在1678年雄辩地问道：“如果他发现，上帝将他和其他人置于一个他们离开了社会就无法维持生计的处境中，他是否只能推断，他有义务，并且上帝也要求他，遵守那些有助于保全社会的原则？”（D 49 n.）从信奉消极服从到为反抗不正当政治权威辩护，他的政治观点经历了关键性转变，他改变了对这
37 一问题的观点，即人类如何能够，或如何应该判断究竟什么能保全社会。在《政府论》中，洛克将判断如何保全社会的权利和义务还给每一个成年人，而不是完全留给统治者，只剩给其他人信仰自己宗教的权利（洛克认为，他们无论如何也无权放弃这一权利）。这绝不是一个前无古人的结论，但对洛克自己来说，这无异于一次巨大的思想转变。

我们究竟应该如何理解这一转变的原因呢？显然，最直接的动力莫过于“排斥危机”这段政治经历。要不是沙夫茨伯里在这场政治斗争中扮演角色，洛克完全没有理由写出一部类似于《政府论》的书。创作机缘和创作动机共同将《政府论》打造成一本“排斥小册子”。它之所以在很多方面构思得很糟糕，不仅仅是因为如序言告诉我们的那样，它最初的篇幅是出版版本的两倍多。甚至在当时亟待解决的宪法问题上，洛克的论证和沙夫茨伯里的政策有时也有很大分歧。但是抛开这些实际政治

判断的细节不谈，从整本书的特点可以清楚看出，洛克在深入考虑他自身思想转变的意义，而不是简单地将他所属党派领袖的概要扩充成文。正是洛克自己在当时的政治经历改变了他看待政治的方式。总而言之，这一政治经历改变了他看待政治活动和其他人类活动之间关系的方式。正是这一股试图理解自己思想转变背后意义的动力，使《政府论》成了一部伟大的政治学著作。

毫无疑问，大多数伟大的政治学著作背后或多或少都有这类政治经历作支撑。这些经历自然会刺激作者极为深入地思考，将政治活动理解为粗暴的政治。但是在《政府论》中，偶 38
然的创作环境更彻底，也更令人困惑地闯入作品自身的语境中。其中，上篇是对早先的肯特郡乡绅、政治家、内战时期的保皇党人罗伯特·费尔默爵士的长篇批评。费尔默有一定的批判思考能力。我们已经知道，另外两本詹姆士·提瑞尔和阿尔杰农·西德尼的"排斥小册子"，已经对费尔默的著作采取了攻势。因此，洛克选择将他作为攻击对象也不足为奇。费尔默凭借其政治权威理论的不妥协性，从其他所有保皇党人（无论是否健在）的意识形态中脱颖而出。他以足够虔诚的论调和前提让所有英国国教徒消除疑虑，再者，其足够绝对的主张也足以匹敌对托马斯·霍布斯的实际需求（后者的理论令人苦恼的地方在于没有那么虔诚）。我们并不完全明白，洛克将费尔默选作1680年代初的论敌，是向他在查理二世支持者中的备受欢迎致敬，还是更多地反映了他作为一个思想攻击对象的吸引力。同样，对此书的质量和内容而言，真正重要的已经不是洛克的写作初衷，而是《政府论》下篇以及上篇在很大程度上围绕着对费尔默的攻击展开思考，从而带来的思想影响。

这一关注点产生的最重要的直接影响在于他对财产问题的处理，这一成就显然令他倍感自豪。（W IV 640）然而，或许还有一个更为重要的，也颇具想象力的影响，那就是整本书要生动演绎的恰是洛克不久之前刚刚抛弃的政治观点。结合“排斥危机”的政治背景和17世纪末前后的英国社会背景，洛克的政治观点便显得不那么激进了。他没有料到，或者如我们所知，他甚至都不会去想：在他那个时代实现的扩大投票权的激进方案，居然会在英国内战中被平等派再次提出，会在一个半世纪后的宪章运
39 动中被再次提出。但是他在《政府论》中陈述的理论非常激进，这一关于政治平等和责任的理论建立在每个成年人的判断基础上；洛克不时在书中表达这种理论，就好像他想让读者认真对待它。对于那些他设想中的读者而言，如此理解他的理论并不危险。（当时，可能大多数英国成年人都没有读过也无法读懂《政府论》。）事实上，一段时间以后，他那些保守的批评者才装作相信他理应或值得得到认真对待。但是在合适的时候，这一理论甚至书中的某些口号必将传达到更广大的英美读者那里。当这一天真的到来的时候，就很难否定它的激进性了。洛克在《政府论》中清晰有力地陈明了激进主义，这在很大程度上是其想象性地回应费尔默的挑战的结果。

挑战的最大智识力量在于批评了这样的政治理论，即试图从人类的自由选择推导出政治权威和财产权。除了意识形态的共鸣，其自身的合法权威理论显然没那么令人印象深刻。费尔默的核心观点出奇地简单：甚至对他同时代的某些人来说，这个观点显得十分古怪。他认为，无论是家庭中的父权，还是王国中

的君权，所有人类权威本质上是一个类型。一切一个人凌驾于另一个人之上的权威都是由上帝直接赋予的。无人对自己的生命拥有权利，而当臣民或外敌损害公众利益时，所有人类统治者都有权夺去他们的生命，由此可以推知，统治者的这一权利必定是从上帝而不是臣民那里获得的。只有在统治者的权利是由神赋予的这一前提下，基督教对自杀的禁止和统治者的权利才是协调一致的。基督教经文（更确切地说是《旧约》）记录了这项恩赐的确切时机。上帝将全地赐予了第一个人——亚当，所有 40
政治权威和所有权都是这一恩赐的历史和法律结果。亚当的管辖权是历史的事实，只有不虔诚的人（或者从未遇到基督教启示的不幸之人）才有理由否定它。自从这第一次对世界的处理之后，亚当的管辖权——对物的一种所有权与对人的一种统治权，就已经为人类历史过程所细分了。每一个分支都是天意的直接表达，必定代表了上帝的意志。任何人只要不是统治者，他的政治义务就仅仅是按照统治者的命令去行动，去识别出他所臣服的政治权威中的天意，并相应地尊敬和遵守这个权威。费尔默对这个观点的陈述既不明晰，也不经济。那些已经觉得不该服从统治者的人读罢此书绝不会被说服，也不会由衷地相信他们应该这么做。

虽说费尔默的理论缺乏说服力，但他也的确提出了许多问题，让那些相信政治权威实际上纯粹源自人的人颇感为难。或许同样重要的是，他的理论以一种令人难以忘却且厌恶的方式，介绍了绝对政治权威的主张。正如我们所看到的，洛克轻易地将政治服从视为一个对大多数人来说、在多数情况下简单而基本的义务，是“禁止扰乱和解散政府”的上帝律法的结果。当然在“排斥危机”的环境中，他有强烈的动机重新考虑这一义务的范围和全面性，并质疑他之前关于是什么将它真正变为义务的假设。费尔默的著作讨巧地简化了问题，提出了一个他自认为极难拒绝的精确教义。对费尔默来说，统治者的权利是上帝对个人的恩赐。这些权利在本质上要被理解为所有权，对人类以
41 及土地、物质财富等的所有权。臣民隶属他们的统治者，并服从他，是因为上帝通过天意的作用将他们赐予了他。洛克在回应中力图一针见血地区分臣民服从的义务与统治者命令的权利。在大多数时候，社会中的大多数人之所以有责任服从，是因为社会的和平和秩序是体面的人类生活的前提。但是相比之下，统治者只在他们行使的权力和下达的命令值得服从的时候，才享有命令的权利。如果统治者自己威胁到社会的和平和秩序，并且这一威胁足够严重，臣民就有权根据对威胁程度和紧迫性的判断，竭尽所能地抵抗这一威胁。然后，费尔默给了洛克一个他想否定的清楚而实用的等式：将一切现任者的政治权威等同于上帝的意志。但他同样为洛克设置了一些智识难题，其中两个尤其突出：如何将政治权威仅仅出于人这一点，与夺取人类生命的权利以及与世俗历史、神圣历史的记录相协调；既然财产是土地的一部分或土地的产物，而土地隶属上帝，那么人类到底何以拥有个人财产权。

财产权问题

财产问题尤其具有挑战性。费尔默对17世纪最具影响力的财产权理论展开批评，这一理论是由著名的荷兰自然法学家胡果·格劳秀斯提出的。在费尔默看来，格劳秀斯提出了两个

互相矛盾的观点：非人的自然由所有人共有，以及个体（无论男女）可通过私下的约定拥有部分自然。他认为，这两个观点显而易见的矛盾在于，在人所处的这两种截然不同的情况下，上帝的律法是不一致的，在前一情况下他似乎拥有“规定的共同体”，而在后一情况下他拥有规定的私有权。但凡对人类社会的历史发展再多些思考的人，都会发现这一反驳相当平淡无奇。但是 42
以此为基础，费尔默进一步提出了两条不那么容易轻视的批评线索。首先，他相当详尽地探究了顺着格劳秀斯的观点会存在什么历史可能性：人类全体（或特定区域的一部分人）一定会联合起来，一致同意分割他们对集体财物的所有权。如果占有财产是一种权利，并且一开始所有人共同拥有一切，那么除非有意识地选择放弃，否则没有人会失去占有一切（或任何）财产的权利。其次，他提问道，所有在世者在特定时间的一致同意，是否对后来加入且自身并非协议当事方的人具有约束力？另外，这份一致同意的契约是否确实对后来改变主意的初始立约人具有约束力？对费尔默来说，只有当财产就像政治权威一样，是上帝意志的直接表达的时候，它才是实际上安全和法律上有效的。任何权利只要依赖人类的决定和行为，就可以无限修改。至少在这一点上，洛克在很大程度上跟他看法一致。这是现有财产权如何能够受到由全体人民选出的政府保护的问题，也是内战期间平等派运动中出现的问题。1647年10月，亨利·艾尔顿在帕特尼辩论中对平等派领袖野蛮地要求道：“我会非常乐意听到，你们这些绅士或其他人，终将把你们的权利归因于英格兰。”如果政治权威并非直接源自上帝，而是依靠人类选择，那么财产权的概念就似乎有些令人担忧，可能站不住脚了。

洛克对这一威胁的回应极其微妙。他把它当作人类理性和神启的双重真理，大地与居住其上的人类（T II 6）都属于造物主，上帝将大地赐予人类共有（II 25）并享用（II 31）。费尔默认为上帝将万物赐予“亚当及其继承人，不包括亚当的其他后人”
43 （II 25），洛克对其推论中到底有没有私有财产权不予理会，却下决心完全回应费尔默抨击格劳秀斯时的批评要旨，即人们何以对共同财产中的任意部分拥有私有**权**。正是对这一问题的著名回应赋予他的财产权理论巨大而多样的历史影响力。是劳动从共有物中区分出私有物，而劳动是指身体和双手的劳作。毫无疑问，劳动是劳动者的财产，通过将劳动与物质对象相结合，例如打猎（II 30）、采集（II 28）、耕作（II 32–34），人类便有权获得他劳动的对象，以及他用该材料制造出来的东西。而“人类生活的条件既然需要劳动和从事劳动的材料，就必然导致私人**占有**”（II 35）。上帝将世界赐予人类，是“为了他们的利益，为了使他们尽可能从中获得最大的生活便利”。但是上帝将世界赐予人类，是要他们物尽其用——“供勤劳而理性的人使用”，而不是要满足“吵闹好辩之徒的喜好和贪婪”。（II 34）勤劳而理性的人**有责任**物尽其用。世界并不是他们的，他们不能随心所欲。他们是世界的管理者，必须以他们的勤劳和理性展示其管理者身份。他们可以拥有和消费自然（这里指的是字面意义上的自然），但是他们没有权利浪费任何一点自然。“上帝创造的东西不是供人类糟蹋和破坏的。”（II 31）在行使其管理权的过程中，勤劳的人们用许多激烈的方式改变了上帝最初赐予人类的那个世界。劳动是创造性的活动。它“使一切事物**具有不同价值**”（II 40），并且“造就了事物**价值的最大部分**，为我们在世上所享有”（II 42–43）。在那些人们无须努力付出劳动的地方，比如美洲这样土地丰饶、自然已经为人们提供了“丰富物产”的地区，人们享受的“生活便利”却不及17世纪英国的百分之一。那里“一位拥有大片丰饶土地的部落酋长，在衣食住方面还不如**英格兰**的一名日工”（II 41）。劳动是人类的自然能力，从事劳动是遵从上帝的命令并受到对自身在自然中位置的理性理解的鼓舞。劳动的结果几乎是完全有益的。它和人类的堕落一样古老。“起初全世界都像美洲一样”（II 49）；然而到了17世纪，人类的劳动极大地改善了其中很大一部分。如果劳动的确是财产的起源，那么至少在源头上（有遗产继承后，便未必如此）权利和价值是结合在一起的；如此一来，全人类便没什么可担心的了。因为至少在一开始，那些人所占有的较多财产是他们应得的；他们无须向那些理应占有较少财产的人致歉。 44

但如今世界上的大部分国家已不再是美洲，这不仅仅因为人类的劳动生产率大幅提高，还因为人类已经发现如何去造成一种经济上的不平等，这种不平等与自然秩序直接导致的不平等截然不同。劳动最初赋予人对“自然共有物的**财产权**”，这一权利受到使用的限制。这样就解决了费尔默为格劳秀斯设下的难题。在人类社会的这一初始阶段，财产权是一个简单的、没有争议的问题。“没有理由为财产权发生争执，也不该怀疑财产权所容许的占有量。权利和便利协调，因为一个人有权享有他能对之付出劳动的一切，所以他便不愿为超出所需之物付出劳动。”（II 51）货币的发明使人类可能摆脱这一境况，这一价值的永久仓库“与衣食车马相比，对人类生活没有多大用处，其价值只是来自人们的同意”（II 50）。货币的发明极大地扩大了财产不均，而财产不均由人们所展现的“不同程度的勤劳”使之成为可能。在洛克看来，货币使一个人得以**公平地**“占有超出其所能使用的产物”，因为他可以用货币的形式，将他的财产所创造的
45 剩余价值积累起来，而不会伤害任何人。货币交换并非取决于政治权威，而货币交换的结果——经济不平等——的合法性也并非基于哪个特定社会的民法。（II 50）

洛克牢牢抓住了一个非常微妙的情况。正像他完全承认的那样，在任何政治社会，财产权都是由法律规定的。（II 50）然而对他的目的至关重要的是，平心而论，这种规定不该是任意的，而应该以两个目的为导向，即政府恰当存在的目的、赋予人类对物质世界所有权的目的。在他看来，直接基于劳动的财产权，无须政府管理也不允许政府作出多少合理修改。但总的来说，劳动对人类有益无害，而金钱的作用却更模糊。金钱是造成利益纠纷的完全理由，也引发了人们对他人丰厚财产的怀疑。金钱意味着权利和便利不再调和。17世纪英国的整个社会和经济秩序建立在一个人类制度之上，洛克对该人类制度的道德状况深感矛盾。这一思想可谓毫不过时，我们可以从中看到，他敏锐地关注到商业资本主义的道德脆弱性。但是我们之所以能如此清晰地看到这一点，并非因为我们自身高超的洞见，也并非依靠我们后见之明的优势，而是因为洛克自己无意否认这一点。洛克提出财产理论，不是为了粉饰他所在时代英国的社会秩序和经济秩序。

那么，他其实想要捍卫的是哪一种财产权？更容易明确的是——可能洛克自己也更清楚的是——什么样的财产是他想否认的。在他的词典里，“财产”是表达人类权利的主要术语。如

果没有人类权利，也就没有不公正可言。对一个人不公正就是夺取他对其拥有权利的某物，如他的生命、自由或物质财富。保 46
护人的权利是政府的目的。因此，政府的存在是为了保护所有人的生命、自由和物质财富。生命权和自由权当然为每一个人所有，只有当一个人侵犯了别人的生命和自由，他才会丧失对它们的权利。但是，对物质财富的权利更加微妙。物质财富是人劳动的直接产物，确实属于劳动者本人；没有任何证据表明，所有者生前将财富给予其他人或在死后留给他的继承人的可能性，给洛克带来任何不安（I 42）。然而，一旦经济不平等的程度仅仅由人类习俗决定，对财富之巨的疑虑就更难避免了。我们无法确切知道洛克对这个问题的看法，但至少我们对以下观点还是颇为确定的。

首先，他在《政府论》下篇第五章讨论我们所谓的财产，即对物质财富的权利的主要原因，是想否认执政君主未经臣民明确同意，而按照自己的意愿处理臣民物质财富的权利。为了公众利益去行使这一权利，查理一世的这个主张是英国内战的主要起因之一；其子复活它的可能在“排斥危机”时成了对辉格党的重要政治威胁。另外，费尔默强烈捍卫过这一权利。而洛克提出劳动财产权的首要动机是为了直面这一挑战。是上帝赋予了人们享有自己劳动果实的权利，而不是人类习俗。实际上，正是人类习俗赋予君主凌驾于臣民之上的权威。洛克并不认为，上帝已将世界赐予亚当，而臣民和领土直接继承自这一赐予，王权就应该凌驾于臣民和领土之上；在洛克看来，统治者的首要职责只是使用自己拥有的权力，保护上帝直接赋予其臣民的权利。 47

当然，洛克充分意识到，就如他清晰地阐明的那样，在相当长一段时间里，对财产直接透明的道德权威建立在体力劳动的基础上，并没有，人们也并不希望将其扩展到货币交易所造成的经济不平等中去。然而，为了反驳君主以他们自以为最好的方式处理臣民财产的要求，他所需要的不是一套为什么每个臣民完全而明确地有权拥有自己每项合法财产的理论，而仅仅是一个解释：为什么私有财产权可以成为（并且已经经常是）不受甚至是合法的政治权威影响的权利。从洛克的自身利益考虑，夺取他人劳动成果虽则不正当，但其不正当程度也与夺取投机的收益，或者与对曾经通过掠夺行为或君主对先祖的恩宠所获得的土地征收租金税截然不同。但洛克的政治观点是，在当时，后面两种可能性所造成的威胁显然更亟待解决；没有理由认为，洛克**感觉**他对后两者的反对会更弱一些。

当他回顾自己所建构的财产理论时，他究竟会作何感想，这似乎更难评价，尤其是在他生命的最后几年里。如前所述，我们知道他为之颇感自豪；然而我们不知道的是，具体是这一理论的哪些方面给他带来了满足感。C.B.麦克弗森给出了一个最大胆的答案，即洛克的目的是用其解释资本主义生产的道德合法性。我们不太可能真的用它来评估洛克建构其理论的意图。但这是一个有趣的问题，即这个建议用稍微过时的话可能在多大程度上解释了洛克构建理论所获得的成就感。在最强的形式上，这一建议仍然是毫无说服力的。像托马斯·阿奎那一样，洛克相信所有人都有用劳动维持生计的权利，这一权利超越了他人的
48 财产权。他认为，即便市场价格（V）是公道的，但完全坚持以市场价格卖给一个有生存需要的人，而导致后者死亡，便相当于犯了谋杀罪。他相信，那些一辈子努力工作的人，在年老时不仅

拥有生存的权利，还拥有体面生活的权利。所有这些权利的直接依据是上帝将世界赐予人们共有；随后产生的人类习俗（如货币交易）可能被赋权，而侵犯这些权利，这一观点与洛克的财产观存在分歧。他的确承认，仆人的雇佣劳动为主人所有，这没有错。在他所处的时代，这毕竟是英国经济关系中一个相当重要的特征，对它相对随意的认同并不能够激起他的热情，去研究雇佣劳动在资本主义生产中扮演的核心角色。特别是，洛克明确否认了这一点，即一个被剥夺生产资料（这是上帝赐予所有人的）的人可以由于生产资料受到他人控制而被迫服从他人。（T I 41–42）

> “仁慈”赋予每个人在没有办法维持生计的情况下，分取他人丰富财物的一部分，以使其免于极端贫困的权利。一个人如果没有公正地对待他人的需求，拒绝拿出上帝要求他提供给他有需求兄弟的救济，并使其成为自己的附庸；这就好比一个强壮的人抓住一个弱者，命他臣服于他，并用匕首抵着他的喉咙：要么死，要么做奴隶。（I 42）

总的来说，我们有足够的理由认为，洛克觉得在解释商业社会所依赖的权利体系方面，他自己关于财产的论述相对主要的财产权论者格劳秀斯和普芬道夫有很大进步。但是没有理由认为，他是以不加区分的热情来看待这一权利体系的。人类的劳动生产力将世界改造得更令人愉快，这正是上帝的意图。货币交易是一个纯粹的人类发明，它在许多方面辅助了这一改造，可它同样不可挽回地降低了人的所有权的道德透明度。当直接由 49

劳动赋予的权利与仅仅基于复杂货币交易的权利发生冲突时，洛克会错误地选择赞同后者。从那时起，在对资本主义生产的辩解和抗拒中，劳动价值论错综复杂的历史已经在他所塑造理
50 论的模棱两可中得到了预示。

图10　约翰·洛克，1676年，约翰·格林希尔绘

政治权威的性质

费尔默的著作带给洛克的第二项挑战在某些方面更容易应付，当然他相应的回应也不那么具有原创性。但是，由于此处直接讨论的问题是抵抗不正当政治权威的权利，因此洛克投入了比谈财产权话题时更多的笔墨和修辞。如上所述，费尔默认为，所有臣民都应当服从他们的统治者，因为毫不夸张地说，上帝已经将他们及他们居住其上的领土赐予这位统治者。统治者之于臣民的关系就是所有者的关系。洛克早年对政治权威主张采取非常赞同的立场，但是我们没有理由相信，他曾认为这个绝不妥协的费尔默学说有任何吸引力。费尔默强调基督教对自杀的禁止在政治理论中的重要性；洛克认同这一有力说法，并用它攻击费尔默的核心观点。由于人们最终不属于自己，而是属于创造了他们的上帝，所以任何夺去人（包括自己）生命的权利一定直接依赖上帝造人的普遍目的。那种认为通过继袭，一个人可以是另一个人，甚至是数百万人的所有者的观点，无论如何都不会与上帝造人的目的存在可信的关联。费尔默的论证将所有政治上的臣民变成奴隶。极端的恶可以以正当理由使一个人陷入奴隶状态。然而真正的人类生命完全相反，在任何情况下它都无法正当地出自他人的恶行。（这一限制条款对洛克来说应该十分尴尬，他曾是贩卖奴隶的英国皇家非洲公司股东；它清楚地指出，奴隶身份不该合法地一代代继承下去。所有合法的奴役本质上是一种刑罚，而父母的罪行不应传给他们的子女。）对洛克而言，奴隶制恰恰是合法政治权威的反面。赋予政治权威合法性，赋予合法统治者命令权的，是他们能够并确实为其臣民提供 51

的实际服务。在本质上，一位合法的君主非但不是他所统治臣民的所有者，反倒是他们的仆人。

在费尔默看来（其实年轻时的洛克亦如此），人类过于顽固、自私、热衷争辩，无法在孤立无援的状态下实现实际的自我救赎。上帝看顾人，其首要做法就是让人类永远受制于有效的权力之网。在洛克一生的思想中，他接受了对“人是什么样的”与“该如何预期他们的行为”的这一评价。但是通过《政府论》，他自信地将其延伸至臣民，也延伸至统治者，并从中得出了与费尔默截然不同的启示。在他第一部著作中，上帝一般的统治者与那些“总是被智者察觉并称作野兽”的群众之间存在一道鸿沟。（G 158）然而到了《政府论》，这道鸿沟消失了，统治者被看作与他的臣民一模一样，他开始认为“暴力，是野兽的方式”。（T II 181）

暴力的反面是理性。是理性将人类与野兽区分开来，理性的方式也正是上帝希望人类遵循的方式。通过运用理性，人们能够并且应该明白上帝希望他们去做什么；他们的理性足以让他们判断，当上帝没有直接表明意愿时，什么样的做法才是最好的。只要没有精神错乱的成年人都拥有理性。所有人生来自由、理性，尽管这些是他们随着时间推移，必须学着去练习的潜在本领，而不是完全与生俱来的能力。作为上帝的理性造物，所有人住在由上帝创造的世界里，因此所有人都是平等的，不仅基本权利平等，义务也是平等的。

在权利、义务平等的情况下，独立于历代、各地实际发生的
52 历史，人类在洛克所说的自然状态中相互对抗。这或许是他所有观点中遭受误解最多的一个。之所以存在这种误解，主要是

由于托马斯·霍布斯作品中部分相似的观点在起作用。霍布斯描述的人类自然条件是一个由激情和仇恨组成的暴力冲突状态，一个人仅凭理性即可拯救自己。对死亡威胁的恐惧，是唯一强烈到足以克服人类深层的反社会特质的动机。而洛克对人们给彼此带来的实际危险没那么激动，并承认社会特质和反社会特质都是人性的一部分。但总的来说，对于人是什么样的、该如何预期他们的行为，他的判断跟霍布斯差别不大（事实上跟费尔默亦差别不大）。霍布斯的自然状态可部分理解为对以下情况的描述，即当人们不听命于政治权威时，他们会如何表现；而洛克所说的自然状态完全不是指人类的处境和态度。对洛克而言，自然状态是在人产生之前，在人的生活构造社会之前，上帝将所有人放置在世界上的状态。它并不意在表明人是什么样的，而是意在表明他们作为上帝的造物有何种权利和义务。

他们最基本的权利和义务是去判断，创造他们并且创造世界的上帝对他们在世上的生活作何要求。他要求自然状态下的所有人都依照自然法来生活。通过运用理性，每个人都能掌握这一法则的内容。然而，即便洛克深信人类有义务去理解这项法则，并有义务，也有能力去遵守它的要求，但是直到1680年代，洛克对于他们究竟是如何具备这种能力的，又该如何运用它，并没有太大信心。正如下文所述，人们如何分辨自然法的命令与他们自己社会盛行的偏见，这个问题贯穿了他一生的精神生活。但是在《政府论》中，对于人们何以知悉自然法的内容，他则可
以完全不予理会。简而言之，重要的是他们有义务和能力遵守 53
它，并有能力作为自由的主体，选择去违反它。那些洛克当时想反对的人当中，没有一个会与他就这一判断产生分歧；而试图

在他论证的过程中证实自然法的尝试是不合算、白费心力的，就如同试图在此中证明神圣造物主的存在一样。

在自然状态下，自然法所规定的每一个人的义务与其享有的权利是匹配的。其中最重要的权利就是让那些违反自然法的人承担相应的责任，受到相应的惩罚，即自然法的行政权力；仅凭这一权力就能让自然法在世人中间有效实施。没有人有权自杀，因为所有人都属于上帝（清晰地限定了人对自己身体的所有权）。但是任何人都有权处罚那些严重违反自然法，特别是无故对他人生命造成威胁的人，最高可以判处死刑。损毁上帝的恩赐违反自然法，而损毁他人是尤为恐怖的犯罪。自然状态是一种平等的状态，即便在洛克所处的文明社会，人与人的对抗也时有发生。当人们在常见的合法政治权威的框架之外对抗时，在这个意义上，他们的对抗也是平等的：一个瑞士人和一个印第安人在美洲森林对抗，或者一位英国国王和一位法国国王在满是金丝织物的地方对抗，决定国家的命运。对费尔默来说，事实上也对18世纪的自然权利批评者来说，自然状态是关于人类过去的带有欺骗性的陈述，是对《圣经》记载或是完全虚构的世俗历史的可疑修正。但是当然，对洛克来说，这根本不是一段历史，
54 它出现在一千多年前，存在于他所处的世界，还将在任何可能的未来在每一个政体中现身。它所展现的并不是过去的景象，而无非是人类政治权威应有的模样。

这种政治权威应该是什么样，答案非常简单：人类个体将权力联合起来执行自然法，随后，政治社会中的普通成员为了大多数人的目的，放弃这些权力。这一融合的好处在于，更有可能公平地判断和实施公共生活的法则，并且改善这一公平带来的和

平前景。而这一融合的隐患也正是洛克写作时的关注重点，政治权威的强制力得到大幅增强，并且这一权力遭到滥用的危险始终存在。人类的偏见对于人类的状况至关重要。权力越大，偏见就越危险；当更大的权力因受到恭维和谄媚而堕落，偏见的危险实际上就极大。洛克承认以人为目的的强大权力的实际价值；但他又深陷恐惧，认为只有在当权者认为他们应对自己行使权力的对象负责（并有能力负责）的情况下，这一权力才能获得信任——如今我们仍然完全有理由这样想。

洛克熟知，当时许多国家是通过暴力征服建立的。因此，他们的政治权威绝非依赖其执行自然法的臣民的权力联合。在洛克看来，这样的国家并没有合法的政治权威。这些国家由强力而不是权利构成，根本称不上公民社会。征服者与被征服者之间的关系，即便在几个世纪之后，也不是一种政治权威的关系，而是一种隐藏的战争的关系。（T II 192）

在公民社会，政治权威最终要依靠协议或同意。相反，君主专制与公民社会相悖。（II 90）因为在任何特定情况下，君主 55
专制政体内的大多数居民都很有可能有责任服从政权所有者，如果此时此刻他的命令是有利的，或者违抗他会给别人带来苦痛和危险的话；但是政权所有者无权命令他的臣民。只有成年人之间的协议可以赋予一个人统治他人的政治权威。这是一个极端的要求，使洛克陷入两大困境。第一个困境与费尔默有重要关系，洛克需要说明这种协议确实签订过，更具体一些，确实在英国签订过。考虑到现代无政府主义者对政治权威概念的批评，第二个困境更为突出，即说明每一个合法政治社会的成年成员应该如何合理地被期望同意接受他们的政治权威。洛克对这两个困境的回应都没有给人留下深刻的印象。当遇到要举出这类协议的例子，以及指出这类协议在英国历史上的发生时间这种历史挑战时，他只是避而不答。由于“排斥危机”中的所有党派一致认为英格兰是一个合法国家，至少通过同意其合法性，口头表态支持英国代议制机构的地位。这一策略的代价并不高。在应对第二项挑战，即说明每一个合法国家中的成年人该如何承担明确的国家政治责任时，他更为精心地区分出两种同意：明示（公开）同意和默许同意。明示同意是指，一个人为了生存成了他所在社会的正式成员，所有权利和义务从这一成员身份中产生。默许同意胁迫性没那么强，即一个人只要待在国内，就必须遵守国家的法律，但并未赋予他社会成员身份或随之而来的权利（首先是政治选择权）。明示同意解释了为什么合法政体的成员享有适度的权利和自由，却忽视了当时其实没有哪个英国成年人自愿承担任何责任的事实。默许同意令人宽慰地确保
56 每个英国人都有遵守法律的义务，却并未阐明与洛克同时代的成年人中，谁是其所在社会的正式成员。

但是，在“排斥危机”期间，政治共同体中的成员范围并不是很成问题，正如1647年冬，议会军的平等派领袖及其将军克伦威尔和亨利·艾尔顿在帕特尼辩论中所说的一样。洛克的同意理论并没有打算处理多么广泛的问题，主要是为了解释为什么合法政治社会与非法政治社会存在根本区别，而这个可能性是费尔默和霍布斯双双否认的。在合法政治社会中，政府有权得到人民服从。人们在自然法制约下承担起对彼此的责任，即便在自然状态下，也是如此，这足以解释为什么在一个安定的政治社会中，大多数人在大多数时候有责任服从他们的统治者。洛

克的同意理论不是一个关于臣民的政治责任，关于臣民如何负有政治义务的理论。更具体地说，这并不是一项向那些对社会不满的人证明他们维持社会秩序会获得有力支持的无望努力，而是一项试图解释统治者（公民社会，而不是君主国家的统治者）何以拥有对政治权威的权利的努力。

尽管洛克确实在书中公开支持革命权，但他无论如何都不是政治权威的敌人。只要在适当的宪法范围内活动，政治权威便是一项极大的人类美德。如果超越了宪法的合法范围，只要是为了公众利益，就应当并且必须违反法律的条文，动用王室的特权。如果以责任感和善意来行使，政治权威在现实中获得它应得的信任就是可以指望的。如果狭义立宪制度的首要任务是保护法制政府而不是人的政府，那么洛克最后的一招就是将人的善意置于严格的宪法之上。最终，一切人类政府都是人的政府。（D 122 n. 2）《政府论》下篇的大部分内容致力于探讨宪法 57
问题，特别是私有财产、公众同意、代议制和制定法律的权力等问题之间的关系。下篇坚持认为无代表纳税不合法，正是这一观点在将近一个世纪之后赢得了美洲殖民者的喜爱。但是无论对宪法问题处理得多巧妙，《政府论》的核心任务并非成为一本立宪派小册子，而是公开支持两项棘手的权利：合法政治社会中的统治者为了公众利益，动用政治权力违反法律的权利；即便身处合法政治社会，只要统治者严重滥用权力，所有人都可以抵抗统治者的权利。

信任的核心地位

洛克的政府概念的核心——也抓住了这一概念的矛盾——

是信任的观点。政府是人与人之间的关系，是一切能够赢得他人信任的人之间的关系，不过这些人可能会（或有时会）背叛它。信任是洛克思想中最早的术语之一。信任是不可或缺的，也是危险的，对人类的生存极其重要。1659年他写道，人“依靠信任而活着”。几年后，他在讲稿中尖锐批评了个人利益是自然法基础的观点，因为如此一来，不但这一法则会自相矛盾，并且社会本身及作为社会纽带的信任也不可能成立。（LN 213–214）这一人类诉求的最常见表现为发誓和承诺。承诺和誓言约束了上帝自身。（T I 6）语言或许是“伟大的工具和社会的共同纽带”（E 402）：但实际上使语言将人们联系在一起的是它表达相互承诺的能力，相互承诺即庄严的保证、誓言，以及许诺这一人们彼此信任的基础与共同生活的纽带。（LT 134）无神论的威胁（134）在于它去除了这些许诺的全部约束力，将自然法降低为互
58 相对立的个人利益，并摧毁了人类信任的基础。人们失去了关心人类的造物主，被抛弃在世上自力更生，他们没有理由相信彼此，更没有能力在社会上共同生活。要不是因为人类堕落了，人们还属于同一个共同体。（T II 128）忽视对造物主的依赖才是最终的堕落，洛克那个时代中许多“分裂的小联盟”土崩瓦解，成员变成了独立而彼此不信任的个体。那些值得彼此信任的人类，有助巩固上帝本意为他们建立的共同体；而那些辜负彼此信任的人类，则促进该共同体分裂。当然，政治权威的所有者拥有以更加激烈的方式维护或挫败上帝意图的权力。因为人们深谙他们信任彼此的需求，也因为他们感到以集权行使自然法能给他们的生活带来帮助，所以人们通常都愿意信任统治者，哪怕这份信任远胜于后者所应得。并且，由于和平对人们“安全、舒适

和丰饶”（II 101）地生活如此重要，所以权衡利弊，他们这么做是可取的。

洛克并不像现代的无政府主义者，他相信政治权力，尽管他敏锐地意识到它所带来的危险。他不相信的是，上帝将人类留在世上任其自生自灭，人类不再依赖他们神圣的造物主。对那些仍然意识到这一依赖的人而言，试着信任彼此——无论是信任统治者还是信任同伴——是自然法规定的责任。这是一个寻求和平的责任，不是否定经验教训的责任。信任的责任不是轻信的责任，甚至不是轻信的权利。即便与臣民同在自然状态下的专制君主，也没有超出人类信任的范围。公民的最高统治者有权享有更加充分的信任；如果这份信任是他们应得的，他们就有信心接受这份信任。但是任何人，哪怕是公民化程度最高的社会的最高统治者，都会背叛信任。人类生活的境况就是如此。我们必须试着信任彼此，无论是个人之间的信任，还是政治生活中的信任；但我们每个人也必须判断信任在何时，以及在何种程度上遭到背叛。 59

把信任作为政治理解的核心概念，也许看起来有些无力与笨拙。洛克将宗教观点和他所认为的人类值得信任的范围关联在一起，因此他对后者的看法不会（也不该）讨当今许多人喜欢。但是，正如他自己设想的那样，政治和更普遍的人类生活最终依赖信任，这个观点并不肤浅。这种不严密是必要的，重点是我们无法脱离这种不严密。当今政治依然如此。

值得信任的反面是背叛信任，对背叛信任的补救是动用革命权。在世间可以诉诸公平无私的权威，这正是合法政治社会为其成员提供的重大好处。只要存在这一权威，就能避免人与人的战争状态，也不必直接诉诸上帝的裁决——这个情况是战争状态所固有的。（T II 21）但是公平无私是一项人类成就，不是一个宪法事实。统治者是真实的男女。他们根据法律规定享有权力，他们之所以有权接受臣民的服从，正是源自不偏不倚的执法。如果违反或僭越法律而伤及臣民，他们就成了暴君。（II 202）法律终结之处，暴君开始横行。而掌权的统治者一旦动用强力损害臣民的利益或僭越法律，就会毁掉自己的权威。他将自己和受到伤害的臣民推向战争状态，每一个人都有权反对他，就像抵抗任何其他不正当的侵略者一样。（II 202, 232）

这在当时的英国是一个非常极端的学说，洛克费了些力气去降低它的实际影响。只要统治者是真正为人民福祉着想的，臣民都能感觉得到（II 209），这样的统治者无须害怕人民会起
60 来反抗。暴君的越轨行为之所以没有遭到反抗，是因为受害者实际上无望得到其他臣民的支持，也对自己单枪匹马挑战暴君不抱希望。（II 208, 223, 225）只有对多数人的财产、自由和生命（或许还有宗教）构成事实上或潜在显著威胁（II 209）的“一长串行动”（II 220）才会引起反抗。如果反抗真的出现了，谁该对它负责就是毫无疑问的。扰乱政府即违反自然法，毫无理由地反叛合法政府即开启战争状态。（开启战争状态总是一个不正当的行为。唯一正当的战争是自卫之战。）但是当被压迫人民反抗暴政时，扰乱政府或重启战争状态的人并不是他们。叛乱“反抗的不是个人，而是权威”（II 226）。暴君没有权威，他们才是真正的叛乱者。就像那些利用战争暴力实现对他人不正当目的的人一样，暴君反叛他的同类，“以像野兽一样诉诸暴力为自己的权利法则”。如此，他令自己“易被受害者以及同他一起彰显正

义的其余人类所毁灭，就像任何其他野兽或毒兽一样，有这样的人存在，人类既无法维系社会，也无法建立安全感”（II 172）。

消灭毒兽的权利属于每一个人。但是，在一个合法的政治社会中，即便是最残暴的暴君，我们也不能仅仅将他们看作害兽。除了为受害个体复仇的权利之外，我们还有维护公民社会的责任。革命对洛克来说不是一种复仇行为，而是一种复原行为，是对遭到破坏的政治秩序的再造。在“排斥危机”和詹姆士二世在位期间，国王在洛克眼中成了滥用特权的暴君。（II 242）依据英国宪法，国王握有部分制定法律的权力，他因此无须向更高级别的人交代。然而在宪法形式背后隐藏着英国社会的现实，即“全体人民”（II 242, 243）。当统治者与部分臣民之间产生争端，并且统治者拒绝接受表达了臣民意志的代议制机构的 61
裁决时，合适的仲裁者必定是最先将他们的信任托付给统治者的全体人民。全体人民可以且必须凭良心作出判断：是否有正当理由诉诸上天，用暴力抵抗他们的统治者（II 163, 243, 21）。他们有权利也有义务这么做，因为他们可以独自将个体复仇之权利与再造政治秩序之义务融合在一起，将消灭背叛他们信任的人之权利，与恢复对于真正人类生活不可或缺的信任之义务融合在一起。

《政府论》针对的是英国的政治需求，通过丰富的历史经验，该国的居民表明他们已然形成一个全体，并且具有了如此行动的政治能力。在英国，古老的宪法有待恢复。（II 序言）我们无法知道，洛克在多大程度上认为，历史经验不那么幸运的国民也能具有同样的实际政治能力。当然，这些居民也有权以个人之力或集体之力去抵抗不公正的暴力，并且为他们所遭受的伤害复仇。但是在从来没有合法政治秩序可供恢复的地方，团结起来复仇并重建秩序的前景便不那么吸引人了。尽管其经济、社会、政治十分复杂，但君主专制（我们应该记得洛克在正式写作之前，在法国住过几年）根本不是公民社会。在其后的一个世纪，大卫·休谟决心批评洛克的政治理论，他认为洛克就英国与欧洲的君主专制国家所做的对比是自负而褊狭的，没有什么比这更让他不舒服了。在某种程度上，休谟对洛克的批评没有同情，也有失准确；到18世纪末，法国大革命的战果充分证明，洛克理论的重要性，即便是在这个问题上，也要比休谟所承认的大得多。但是休谟的确清楚地看到，洛克在《政府论》中的政治观
62 点多么密切地依赖特定的政治经验和这一经验所铸就的共同体文化，在这一共同体中，广大普通民众拥有并期待行使出于自身目的而采取政治行动的权利。洛克自己所理解的革命权的核心在于，如此这般的共同体保护自身的行动的权利和能力。他从不认为仅凭正当的报复行为就能无中生有地创造出一个崭新的公民社会。

《论宗教宽容》

1680年代中期，洛克在荷兰撰写了他的最后一部重要政治理论著作，这部作品论题宽泛一些。相较于《政府论》而言，《论宗教宽容》是一部更简单、更普适的作品。它的论辩建立在对基督教信仰（或者至少是某种认为真正的信仰是有效宗教崇拜的前提，而宗教崇拜是人类最重要的任务的一神论宗教）的接受之上，确实如此。但是在信奉基督教的欧洲国家中，这些论点一旦成立，便对每个教派或国家都成立。因为每个人一生中的关键

职责是寻求自己的救赎（LT 124, 128），并且因为宗教信仰和宗教实践是他这么做的必要手段，所以人类政治权威的力量无法正当地扩展到宗教信仰和实践。政治权威的职责是保护公民的财产，尤其是保护人类劳动的果实，以及自由和体力等获得这些果实的途径。（124, 146）行政长官无法拥有关照人的灵魂的权力。如果他判断自己的行为是为公众谋福祉，而他臣民的判断恰好相反，那么在这两者之间便完全无法裁决（128），事实上，只能留给上帝裁决。当以宗教为由的暴力迫害威胁到人们的财产和生命时，受迫害的人完全有权以暴制暴（146）；他们能够，也将会行使这一权利。两个群体不享有宗教宽容权利：那些宗教信仰与官员的合法权威截然对立的人，以及那些不信仰上帝的人。 63

拯救自己灵魂的权利并不等同于尝试作出对抗民众力量的个人政治判断的权利。洛克已经在1667年的《论宽容的随笔》中坚称，人们没有权利不相信上帝的存在，因为信仰上帝是“一切道德的基础”，没有信仰的人是无法适应任一社会的毒兽。对思辨观点或宗教信仰动用暴力是不必要的，因为真理可以照顾自己，很少接受权势的帮助。（122）另外，这也是无效的，因为无 64
人能够直接选择他的信仰和感受。但是无神论不只是一种思辨观点，它还是没有限制的非道德行动的基础。因为宽容的权利建立在每个人自我救赎的权利和义务之上，它不是无神论者可以一再要求的权利。

真理可以自己照顾自己的观点当然十分乐观。然而，这并不是洛克宽容观的基础。令人惊讶的是，上帝的存在并不是一个可以任其自我照顾的真理。因此，无论在我们今天看来有

图11　甚至是他贴身男仆的英雄？1685年流放荷兰的洛克，其抄写员兼前贴身男仆西尔韦纳斯·布罗诺弗绘

多么冒犯人，拒绝宽容无神论者的观点与洛克的论证都是完全一致的。即便只是在头脑里摈除上帝，都会使一切化为乌有。(134)在与好友林博赫的漫长讨论之后，也在路易十四对胡格诺派的迫害愈演愈烈的情况下，洛克在1685年深冬写了《论宗教

宽容》。他的写作对象不仅仅是英国人，更是全欧洲的读者；或许对其中一位欧洲读者它的影响极大。对于其后一个世纪的伏尔泰来说，《论宗教宽容》是洛克政治学的核心，与杰作《人类理解论》中的信息完全协调一致，并与世界上每个文明人的生活息息相关。如果其政治信息既是清晰的也是世界主义的，那么它最终建立在一个信念上，即人们拥有宗教义务并知道宗教义务为何。正是证明这一信念的正当性的努力，成就了洛克最杰出的思想成就。但是，这一努力最终并没有成功，在某种意义上近乎失败。 65

第三章

认识、信念与信仰

据我们所知，洛克毫无理由怀疑以下朴素的经验真理，即有些人确实知晓他们对上帝应尽的义务。但是在他的思想生活中，他同样不认为这个信念的基础是显而易见、容易解释的。早在1659年，他还没有任何正式作品问世时，他就已经充满热情和想象力地着手描绘一幅人们的信仰和欲望的关系图，在这幅图中，理性被坚定地视作激情的奴隶。理性的作用不是严格控制人们的行为，而只不过是为人们已经想做的事找寻理由的工具。更糟糕的是，理性的失败不仅仅是控制上的失败，或曰道德上的缺陷。道德上的失败反过来不仅会损害他们全部的理解力，还会危及每个人可靠的自我认同感。（LC I 122–124）这三个主题在他毕生的思想中不断出现，有时他更为确信，有时他颇感痛苦。洛克深信，许多人类信仰应该承担责任，即人们在很大程度上为他们的信仰**负责**；但他同样发现为这个观点辩护是极其困难的。它需要如下清楚的认识才能做到贯通一致，即在原则上人们如何能够从理解的运用中去除激情的污染，以及他们如何

能够如其所是而不是如其所愿地感受和理解上帝的世界和他们自身。除此之外，还需要另一个清楚的认识，即每个人都能够为 66
他自己的行动负责。在洛克的思想中，道德主体概念与人类理解的范围和限度的概念紧密联系。《人类理解论》出版后数年，这两个概念之间的张力日强，他选择继续研究道德主体概念的意义。两者之中，正是人类理解的范围和限度的图景在《人类理解论》中得到描绘。洛克认为这本书是他的杰作；而此书确实成了他的杰作，并为后人的想象做了标示。

他第一部试图探究这些主题的作品是在基督教会学院的系列讲座《论自然法》。自然法是由上帝意志颁布的，能够并且应该借助自然的光照，通过运用人类理性而得到理解。在自然秩序下，自然法表明人类应该做什么，不该做什么，即标明这一秩序对作为理性主体的人类提出何种要求。（LN 110）中世纪以降，基督教伦理的主要争论集中在两类人之间，一类人认为人类义务根本上依赖上帝意志，另一类人认为人类义务仅仅依赖理性的要求和自然世界的真实特征。洛克的立场是模棱两可的。他显然感受到了（并且这种感觉确实贯穿他的一生）任一观点的力量。然而，如果非要二选一（最引人注目的问题在于，他认为人类对自然法的服从是有重要问题的），他会选择相信上帝意志。在《人类理解论》中，他几乎没有试图探究，更没有解决这些观点之间显而易见的张力。他也没有针对持怀疑态度的反对意见，在捍卫自然法的存在和约束力上下功夫。[他对这些怀疑的最后回应是一项告诫，即自然法的缺席可能让每个人获得完全自由，并成为自己行动的最高仲裁者。（118）这一反对意见是有启发意义的，虽然在现代人看来十分奇怪。] 67

他反而将注意力集中在人们到底该如何认识自然法是什么这个问题上。他概括出四种可能的认识途径：铭记说、传统说、感觉经验说、超自然启示说或神启说。最后一种可能性被抛弃了（122），不是因为有理由怀疑它的存在，而是因为它显然不是人类仅仅通过心智、理性或感觉经验就能了解的。（然而，洛克在三十年后的《基督教的合理性》中重新回到的正是这一可能性。）铭记说显然是错的，因为如果自然法真的铭刻在所有人心中（140, 144），那么所有人就会同意他们所相信的道德原则和思辨原则，年轻人、未受过教育的人、野蛮人都会对这些原则有特别清晰的理解（138, 140）。传统说也被否定了，因为不同社会的道德信念千差万别。一个社会中的财产，到了另一个社会中可能算是盗窃所得。一个民族中的纵欲，在另一个民族中就成了友好关系或宗教崇拜。在某些情况下，有的国家甚至会赞许谋杀和自杀的行为。（166–176）在四种认识途径中，只有对感觉经验的理性解释才能完好地幸存下来。不过，洛克几乎没有提到它是如何运作的。（146–158）他只是极力强调，它提供的主要教训是关于权力和上帝意志的。（152–156）他还清楚说明了他为什么相信，仅凭它就可以作为自然法的基础。只有当自然法植根于人类理解之清楚明白的运作中，并且对自然界的真实特性作出准确描述时，作为自然造物的人类其理性权威才会存在。他一直坚持认为，由于这些理性权威真实存在，人们的信念在很大程度上来自其他人的话语。（128, 130, 140–142）他人的话语以人类原罪的堕落为特点。只有当一个人运用自己的头脑，通过自己的经验得出他的信念时，他才有足够的理由相信这
68 些信念。

《人类理解论》

在《人类理解论》和更具实践意义的《教育漫谈》《理解能力指导散论》中，洛克试图揭示人们如何运用自己的头脑去了解他们需要了解的，去相信他们应该相信的。因为人类是自由的，他们必须独立思考和判断。（E 100, 264）理性必定是他们对万事万物的最终判断和最终指导。（704）当理性无法指导观念的构成时，人类的观念就“只是机遇和危险的结果，是心智在冒险中飘荡的结果，没有选择，也没有方向”（669）。推理固然有其自身的乐趣（6, 43, 233, 259），然而“一切推理都是上下求索，想方设法，都需要付出辛劳和不懈努力”（52）。因为人们太容易判断错误，他们的错误和谬见多过真理和知识（657），所以所有人都有足够理由在追求真理时“勤奋、用心地度过朝圣之旅”（652）。《人类理解论》试图提供的正是在这番追求中的实际帮助。它以两种截然不同的方式做到了这一点。第一，它表明人类理解是如何成功运作的，它如何能够获取知识和理性的信念，人类可以知道什么、不能知道什么。第二，它解释了为什么总的来说理性在实际活动中如此糟糕。对洛克来说，这两点至关重要。如果人类在原则上无法知道他们需要知道什么，他们便会陷入困境，要么怀疑神圣造物主的美意，要么怀疑神圣造物主的权力。如果他们禁不住这样行动，他们便不仅不自由，并且因此不会为他们显而易见的行为负责；而上帝自身便会成为人类身上所有为洛克深恶之处的原因。

这两点清晰地呈现在《人类理解论》最初的草稿中。（EA 142–156）出版的首版文本更关注第一点。但是，洛克在有生之年对第二版（1694年）和第四版（1700年）做了一系列修订；尤69 其在自由意志的性质方面，他的思想发生了很大转变；关于热情和观念的联系，他还另辟了新的章节。由此，洛克在这两点之间达到了一定程度的平衡。（这最后一章对于在18、19世纪尚未形成学科的心理学，对于功利主义伦理学的发展极为重要。）但即便经过这些修订，《人类理解论》在很大程度上还是保留了它首版的形态和特色；总体而言，它以这一形式呈现出了一种乐观的人类知识和信仰图景。之所以乐观，不是因为它在通过政治设计改变人性上许下了不切实际的承诺，也不是因为它夸大了人类知识的范围，或轻视了人类在用理性方式规范信念时面对的困难，而是因为它以如此简单、清醒、朴实的术语考察了人们的思想活动。乐观主义并不在于内容，而是在于语气；正是这种语气使得其论证格外引人入胜。

首先，此书的基础是，对于人类思想可能达成一致的范围的非同寻常的肯定：

> 我倾向于认为，人们在互相谈论中，虽以差异的名称来混淆了他们的简单**观念**，可是他们如果肯来考察一下，则会看到，各人的简单**观念**大体是可以互相符合的。我想，**人们**只要能提取自己的思想，并且能仔细考察自己心中的**观念**，那么他们彼此的思想总不至于相差太远。（E 180；同见LC IV 609）

只要人们谨慎真诚地思考和感受——这是知识的“入口”——他们就会发现自己是**被迫**了解和相信他们应该了解和相信的东西，并因此被迫与那些同样清醒诚实地思考和感受的

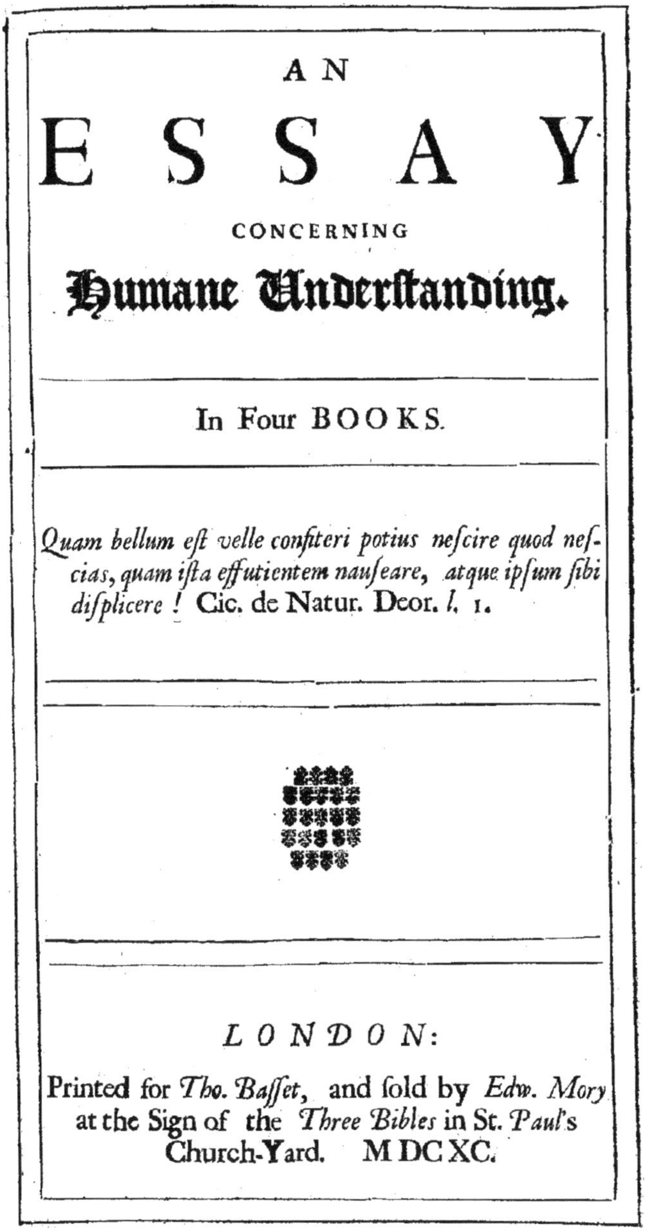

AN

ESSAY

CONCERNING

Humane Understanding.

In Four BOOKS.

Quam bellum eſt velle confiteri potius neſcire quod neſcias, quam iſta effutientem nauſeare, atque ipſum ſibi diſplicere! Cic. de Natur. Deor. *l.* 1.

LONDON:

Printed for *Tho. Baſſet*, and ſold by *Edw. Mory* at the Sign of the *Three Bibles* in St. *Paul's* Church-Yard. MDCXC.

图12　洛克首次正式公开他的思想,《人类理解论》首版

同伴看法一致。达成并保持一致的关键是承认人类理解的局限，洛克本人称之为“平庸”。跟在其他方面一样，在他思想的
70 中心，怀疑与信仰达到了完美的平衡。

当他列举出人们事实上确实知道什么，或描绘出他们何以有充足理由过自己的生活时，信仰的显著地位最难忽略。在可能存在的知识中，最重要的一条莫过于上帝的存在：“相较于相信那些外在于我们的事物存在，我们更加确信上帝存在。”（E 621；同见 619, 628–631, 638）上帝的存在之所以如此重要，是因为它以一种直接的、势不可当的方式，揭示了人们应该如何生活。（542, 570, 651）在世界历史发展过程中，人们认识事物的能力并非简单地无中生有，“曾经，有知识的存在物尚不存在，知识也才刚刚出现”（620）。恰恰相反，这种力量直接来自永在的全知全能的上帝。（625）道德的真正根据是“上帝的意志和律法，上帝暗中观察人的行动，他亲手执掌赏罚之权，其力量足以折服最傲慢的违反者”（69）。

道德信念的本质

洛克在《人类理解论》中极力表达了这样一个观点，道德是一门像数学那样可证明的科学，这随即给他带来了诸多困扰，因为无论是朋友还是敌人，都接连不断地向他询问证明的进展。他对这个项目的自信基于如下几个理由。道德观念是人心的发明，而非一些自然事物的复制品。这一对比对于道德观念的性质以及如何知道道德观念的有效性，如果有的话，具有奠基性的意义。这也是现代哲学假定在世界的事实（可能被认知）和人类的价值（仅能被接受或拒绝）之间存在明显鸿沟的基础。事

实和价值的区分是洛克的人类认知概念的一个产物，也是对他人类价值信念的颠覆。因为道德观念是人心的发明，因为标志道德观念的词语也是人心的发明，所以一个人只要愿意下功夫， 72
就能完全掌握道德观念，并能用确保他人同样完全理解的方式与他人讨论道德观念。

重要得多的是，人类在道德领域的心智发明不是任意的。洛克认为，有一个事实防止了这一任意性出现，即只要人们肯费心考虑这个问题，那么所有人都能获得一个解证的知识，即制定律法约束人类行为、惩罚违反者的无所不能的上帝是存在的。在人类历史上，人类共同体发明了各种各样的道德概念，也接受了五花八门的道德价值。他们在推行这些价值上取得了某种成功，其途径要么是靠直接的强制手段，要么是靠彼此赞同或反对的“名誉之法”的微妙压力。道德意识并非人类固有。事实上，在不同国家，道德意识的形式各有不同。然而对洛克而言，无论在何时何地它只应该有一种形式，这种形式为基督教的神启所表明，且是自然法的要求，人们能够像理解数学真理那样广泛而精确地理解这一法则。没有理由相信他曾经放弃这一观点。但是，在建构这类论证框架的一系列尝试流产之后，他显然对以这些尝试影响大多数人的实际行动不抱任何希望了。

从我们了解的《人类理解论》的结构中可以明显看出，这一放弃代表了思想判断的重大改变。确实有理由相信，这反映出洛克放弃了写作这部作品的两大目标之一，甚至反映出他放弃了从一开始就促使他写作这部作品的最初愿望和理由。（E 7, 11, 46–47; EA 35–41, 80）然而，无论最后的结果多么不受人欢迎，从《人类理解论》的整个论证中得出此结论不足为奇。在洛 73

克那里，知识和理性信念最后都是强制性的。当人们面对明白觉察到的观念之间的关系、感觉的直接证据，或诸种可能性达成的显而易见的平衡时，他们不得不如同接受了命令一般，去认识、去感知或去作出判断。只要经过谨慎而诚实的考量就会发现，可证实的道德由观念之间的一系列关系构成，人们不得不正视这些观念，无法否认这些观念。同理，一个人最后总忍不住做他最想做的事，当然他可以且应当不时检查自己的冲动，强迫自己审慎用心地思考这样一个问题，他凭直觉最想做的事是否真是通盘考虑下的最佳选择。[他这么做特别重要，因为缺席的善不会像当下的痛苦那样得到持续关注，因此与人类欲望的关系没那么密切。(E 260–261)]本质上，人类理解在很大程度上，并且在最重要的方面——"关系到我们行为的那些方面"(46)，发挥着它应当发挥的作用。然而只有当人们精力充沛、小心谨慎、心怀好意地使用它时，人类理解才能如此。对自然的实践知识来说，人心的滥用不太可能是故意的。所以当人心得到成功运用时，对人心运作方式的谨慎考量将帮助人们在未来更有效地思考：无论在对自然世界性质的科学探究和实践探究方面，还是在对生活便利的追求方面。但是到了该决定如何生活的时候，所有人都有强烈而持久的动机来少做思考，并且逃避行动。洛克煞费苦心地坚称，人们不仅有这样的动机，实际上，大多数人几乎还没开始反抗，就向这些动机举手投降了。他们没有因为受到了永恒痛苦的神圣威胁(74–75, 255, 273–274, 277, 281–282)而努力生活，恰恰相反，许多人甚至在文明国家过着无神论者一般的生活(88)。所有人都"容易犯错，在很大程度上，大多数人都会受到情绪或利益的引诱而犯错"(718)。要改善人们

的道德行为，迫切需要的并非更为明晰的思想，而是有助于抵抗诱惑的更有效、更富有想象力的方法。（因此洛克决定在《人类 74
理解论》首版数年后，再新增一部作品《基督教的合理性》，它陈述了他所认为的特别简单明晰的基督教信仰指导版本。）

经过对保罗书信一丝不苟的解释（洛克几乎一直在做这项工作，直到生命的尽头），这一关注点的转变发人深省。它强调，人的良好生活的概念密切依赖这一前提，即上帝在暗中察看人，关心他们选择如何行动，并在他们死后为他们违反律法而惩罚他们。新增内容中有两处最为重要，也最令人印象深刻，分别是对自由意志的不同处理方式，以及论同一性的全新章节，这两处新增内容集中关注了神的惩罚何以有理、何以公正这个问题。（E 270–271, 340–346, 717）相较于理性结论，洛克从未考虑过深入思考他对信仰的有意偏好。（667–668, 687–696, 698, 705）即便写完《基督教的合理性》，他仍然相信人们所需的那种神的存在是可证实的，因此，可以也应当将其视作理性的结论。（LC VI 243–245, 386–391, 596, 630, 788–791）如果我们从神缺席的视角来考察《人类理解论》中其他一些思想脉络的含义，就能轻易看到为什么这个判断如此重要了。

人类的自然状况并不是平和的。

> 我们很少有时间能逍遥自在，摆脱自然的或养成的各种欲望的教唆，因此，那些自然的需要和养成的习惯便源源不断积聚成一系列**不安**，来轮番决定我们的**意志**。一种动作刚被**意志**决定所打发，另一种**不安**随即就准备让我们继续工作。（E 262）

在世上，人们“被各种**不安**围攻”，“被各种**欲望**打扰”。75（257）苦与乐，善与恶，通过进入人们的幸福概念而发动他们的欲望。（258–259）人人都不断地追求幸福并渴求他们视为幸福之必然部分的东西。这不是选择的问题。他们不能选择不去追求幸福。但是他们为自己的选择所承担的责任丝毫不会减少。上帝自身“必须幸福”，正是人类的自由赋予人们能力和责任，去自己判断何为真正的善。（264–265）就像每个人的口味不同——有些人爱吃龙虾和奶酪，另一些人则不然——更加广义和多样的快乐概念也因人而异。有的重视财富，有的爱好肉身之乐，有的重视美德，有的爱好沉思。由于快乐是口味的问题，否认世间快乐有多种形式就显得格外荒谬了。

> 因此，人的希望如果只在今生，而且他们只能在今生有所享受，则无怪乎人们要避免那些令他们不悦的事，追求令他们高兴的事，以寻得他们的幸福……因为倘若我们无法超越未来的坟冢，这个推断就一定正确：**让我们今天且吃且喝**，让我们今天享受我们的快乐，**因为明天我们就要死的**。……人们的选择虽然各有不同，但是所有的选择都是正确的。我们可以假定他们如同一群可怜的昆虫，其中有喜好花和蜜的蜜蜂，有喜好其他珍馐的甲虫，它们在享受了一季之后，便自行消失，不复存在了。（E 269–270）

洛克偶尔也试着论证，即便在这一生中，善报也会超过恶报。（281–282）然而他的主要判断显然是与这一观点背道而驰的。（W III 93）如果快乐建立在个体口味的基础之上，而口味自

身又是无法评论的，那么人类嗜好就只能由人类心理、道德和身体上的威胁来限制。即便是在这个世界上，只要社会仍然存在， 76
对人的嗜好的限制便不可或缺。“人类嗜好中确实存在一些行动原则，不过这些原则远不是天生的，如果对它们不施加任何限制，它们将颠覆人类的一切道德。”（E 75）倘若人的天性迫使他们如洛克那样看待他们的道德困境——“快乐引诱着人们，全能者举起手掌，显然准备实施报复”（74），那么大多数人一定会改变他们惯常的选择。然而，倘若人的理性提出疑问，拒绝承认这一威胁的事实，他们惯常的选择或许会被证明是考虑得当的，甚至与洛克自己的选择相比都毫不逊色。洛克的关键判断在于，一个人应该为他的罪行受罚，因为恶行说明他“损坏了自己的味觉”（271）。这一判断具有连贯性和说服力的前提是，人类行为是存在真实有效标准的，这一标准不以人们受到的吸引为转移。

知识的性质

《人类理解论》中的大部分内容并没有直接讨论道德问题。但是，甚至在阐述人们何以认识自然的部分，洛克对上帝和人类关系的看法也常常起着重要作用。他并没有解释他雄心勃勃、令人印象深刻的系统理论所得出的结论，也没有质疑这类理论的价值，而是将其放在一个相宜的、充满想象力的框架里。在某些方面，他认为人类知识的范围是受到严格限制的。然而在这个范围内，他无疑掌握了有关知识的一切事实。尽管他明确否认知识是与人类一起进入历史的，但他还是认为知识或许是某种我们本来就具备的能力。上帝，甚至天使和其他的灵或许比人类知道的多得多，认识途径也更为直接。（M 52）所有人的信

念都有可能出错［尽管他也会怀疑，他们拥有的信念是否真的像
77 他们受到引诱而声称自己相信之事一样荒谬（E 719）］。但是任何拥有足够智慧来思考这个问题的人，或许都有十足的把握，或许都**知道**，他或她确实**能够**认知。

洛克的理论讨论了许多哲学上的大问题：人类的思想和经验与其对象的关系如何，词语如何获取并保留其含义，人们如何观察，人类认知和理解如何运作。正如他明确指出的，他并非有意建构一个科学理论：人眼中的实物到底如何运用力量改变人心（M 10），或者为什么正如我们观察到的那样，自然的一部分对另一部分起作用。就这些问题，洛克高度怀疑人们是否天生具备深入准确地思考问题的能力：有时结果表明，他怀疑过度了。但是与这些得到可贵证实的限制形成鲜明对比的是，他坚信人们十分清楚该如何分辨他们有望认识的事物与无望认识的事物。更重要的是，他同样确信，只要人们真的将这种理解运用到现实的心智活动中去，他们便不仅会对大量实际有用信息的获取充满信心，大大拓展他们对自然的科学理解，还能更清楚地看到他们作为道德主体应该如何表现。他建议人们清醒地想一想他们自己的理解能力，并以此来指导他们的思想和行动（E 46），而不是放任思想沉浮于“**万有**的大洋”（47）。

《人类理解论》承诺，“考量人类的辨别能力在运用于他所观察的各种对象时，有什么作用”。通过“这一历史的、浅显的方法”，它渴望给出一种“解释方式，借此我们的理解力可以得到关于我们所拥有事物的观念”。（44）第一卷攻击了关于人类与生俱来的天赋观念的学说。我们知道，洛克在《论自然法》中
78 拒绝了人们具有内在的道德和宗教观念的观点。考虑到不同社

会中存在各式各样的道德价值和宗教信仰，他轻易地显明这个观点极为愚蠢。这一嘲弄在当时的英国国教教士中引起了轩然大波，也是洛克作为无宗教信仰观宣传家的重要声名来源。对整本《人类理解论》来说更重要的是，他拒绝了这一观点，即人类理解自然的能力的基础，同样是对诸如“凡存在者存在”（48-65）之类理性准则的天赋知识，而笛卡尔正是这个观点的持有者之一。由于大多数人（事实上包括所有孩子）完全没有意识到任何这种准则，因此认为他们理解这些准则就显得很荒谬了。人们理解这些准则的正确性的途径，是通过对个别对象的体验。这一理解能力固然建立在人们对理性能力的运用之上，但将对准则的认识视作天赋的并没有道理。

《人类理解论》余下的三卷阐述了洛克自己关于人们如何能够认识，如何能够形成他们能理智地相信的信念的建设性理论。其中的第二卷详尽阐述了观念的性质，观念是人类思想唯一的直接对象，也即人类知识唯一“熟知”（525）的对象。[洛克所说的“观念”仅仅指“当人在思考时，他的任何理解对象”（47）。]第三卷论及词语和一般语言的性质，第四卷大胆讨论了人类知识的性质，从而概括了第二、第三卷的含义。知识本身是一种知觉形式，对“任何观念间的联系与契合，或矛盾和相违”（525）的知觉。人们立刻知觉到的，甚至立刻推论出的，总是存在于他们心中的特定观念。人们得出的任何正确的普遍结论，仅适用于与他们相符的自然中的其他特定关系或其他人的思想。（680-681）观念自身分为简单观念和复杂观念。简单观念直接源自感觉（310-312），知识的入口；复杂观念由对简单观念的自发智识结合形成（163）。一切人类知识都建立在经验基础之上，并最终源自经验； 79

要么源自对世上可感知对象的观察，要么源自对人心本身的检视和评估（106）。人们能够独立思考、认识，并作出判断，他们必须这么做是因为他们终归不能信任别人为他们这么做。（100–101, 7, 264）初生婴孩的心灵有如白纸。（81, 104）即使一开始它们的特性显然是通过感官受到特定观念的纯粹自然影响，但很快它们就会被成年人常常迷信而非理性的教导所损害。（81–84, 394–401）一旦受到损害，由于习惯的力量要远大过自然（82），就只有一生付出不懈努力、热爱真理的人（697）才能真正修复这种损害。

人类理解经受这一堕落的主要途径之一就是通过表达思想的文字。洛克自己也承认（401, 437, 488），第三卷对语言的系统讨论就像某种事后的思考。然而，他毫不怀疑语言的实际重要性："困扰人类的大部分问题和争论，都缘于充满怀疑地、不确定地使用文字。"（13）因为多数人在大多数情况下都是通过文字来思考（579），普遍的真理也几乎总是用文字来表达，所以使用文字时的混乱和不必要的模糊会带来巨大的危害（488–489）。因为文字"永远介于理解和真理之间"，其晦涩和无序会"为我们的眼睛笼上一层迷雾"。（488）特别在法律、神学和道德论证中，这一后果都是灾难性的。（433, 480, 492, 496）

坚持清晰的口头表达的重要性，强调感官在提供自然知识
80 方面的支配地位，设想书写在白纸般的婴儿心灵上的经验，这些或许是洛克《人类理解论》中最乐观的主题。这三个主题对于塑造洛克的启蒙乐观主义哲学家的形象十分重要，其中前两个主题仍然得到一些现代哲学家的认同。相较之下，他所强调的习惯的力量，人们形成、更改和保护他们的信念时精心善变的过程，以及大多数人的世俗欲望的不光彩特性（67, 662），无疑表

明了他更加悲观的结论。当然，它并没有给予较为极端的启蒙主义希望任何鼓舞，这希望就是通过对个体成长环境施以政治控制，改造总的人性。这一点格外重要，因为洛克自己看到，人们信任其感官的理由与其世俗欲望的力量紧密联系在一起。最后，他诉诸两个理由，反驳了我们的感官是否真的为我们带来了知识这一怀疑。他关于感官如何带来知识的观点不需长论。但首先必须强调他反驳怀疑主义的理由。

其中，第一个理由是对笛卡尔的部分重复，它朴素而虔诚，但不一定能打动世俗读者：一位善的造物主不会赋予人们系统地欺骗他们的感官。（E 375，302，624–625，631；M 10）但是，第二个理由复杂得多，也无须任何程度的虔诚。每种感觉的证据不单支持其自身的真实性，还支持其他感觉的真实性。对感觉的信任在实际生活中如此不可或缺，与快乐和痛苦这类有力刺激的关联［“转动我们情感的铰链”（E 229，128–130，254–280，631，633–634）］如此直接，以至于洛克认为没有谁会发自内心地怀疑感觉经验，更不要说是生命的可信性，即便他认为生命是虚幻的。无论支持它的论证多么有力，怀疑主义的观点实际上都是不重要的，因为感觉在人类如何适应和控制自然方面发挥着如此重要的作用。因为他对美德的需求（LC I 123）和恶的诱惑的观点如此生动，也因为信仰上帝对坚持这一观点至关重要， 81
洛克并没过多涉及感觉和欲望的关系。对他以及将近两百年后的尼采来说，如果上帝不存在，人“只有他的意愿而没有律法，只有他自己而没有目标。他将会成为他自己的神，对他自己意愿的满足会成为他行动的唯一标准和唯一目的”（D 1）。人类最基本的选择将是他们要成为何种造物。但是对那些不那么迷恋美德、忠诚及它们压抑的要求的人（比如杰里米·边沁）来说，感觉和欲望之间的无尽关联恰恰暗示了一种更加舒适、世俗的生活方式。依据未来世界的标准，洛克自己是一名功利主义者。然而，很容易看到，不怎么虔诚的心灵可以如何以他对人类理解的观念为基础，发展出完全世俗的功利主义。失去对上帝信仰的人如何有足够的理由去生活？无论洛克自己对此有什么样的哲学判断，我们都很容易看到，他其实希望他们选择怎样生活。考虑到洛克去世之后的西欧宗教信仰史，很难想象他会对道德信仰和情感的相应历史感到多么意外。

知识种种

在《人类理解论》的序言《赠读者》一文中，洛克表达了想当一介小工，“清理知识路上堆积的垃圾”（E 9–10），并服务于17世纪自然科学的伟大奠基人波义耳、惠更斯和牛顿的雄心壮志。清理垃圾主要有消极的和积极的两种方法。在理解自然的过程中，理性的创造力量必须严格受到限制，以支持对不那么有想象力的感觉证词的信任。人们无法希望像理解代数那样清晰地理解自然的活动。但是通过理解他们掌握知识时的大脑活
82 动，通过细致观察自然并同样细致地表达这些观察的结果（476–477, 484, 501），他们有望大大地扩展他们的理解力。人心的自然趋势即获取知识。（385）完全的怀疑主义之所以是荒谬的，原因之一便是，它恰恰将真实和虚幻的对立建立在它所否认的辨别能力上了：“我们做任何事情都是凭借自己的官能；我们在谈论知识本身时，也不能不借助于可以了解知识是什么的那些官能。”（631）

人类的知识主要有三种类型：直觉知识、解证知识和感觉知识。（记忆的身份有些不明确。）其中，直觉是最确定的，因为它是最不可避免的。上帝的知识是直觉的。上帝即刻便看透一切，不需要像人们那样去推论。（M 52）人们直觉地认识到的主要真理是自己的存在：他们对此无法怀疑。有根据的解证就像直觉知识一样确定。但是由于它必然涉及不同观念之间的关系，所以相较于直觉知识，它是“痛苦的、不确定的、有限的”（52）；人们可能会，并且经常误以为自己已经得到了它。数学知识是可解证的。但是人们可以通过解证认识到的最重要真理是上帝的存在。感觉知识是由世上物体的活动对人类感官的作用产生。（E 630–638）我们不知道它究竟是如何产生的。（M 10）即便如此，我们对它也依然笃定。（E 630）当我看到有人在白纸上写字，我既不可能怀疑我所看见的色彩，也不会怀疑纸张的真实存在，正如我不会怀疑书写的行为和手的动作：“这是在人自己或上帝之外，关于人和事物的存在，人性所能得到的最大的确定性。”（631）感觉知识完全“**实至名归**”。（631）它所及的范围，“只能以感官运用于刺激它们的特定对象时所得的**直接证据**为限，而**不超过这个范围**”（635）；重要的例外是我们的记忆，如果记忆没有错，那么它给予了我们过去某些事物存在的知识，这 83
些事物是我们的感官曾经使我们确信的（636）。

记忆对解证知识和感觉知识来说都是重要补充。没有记忆，我们便无法了解数学中的普遍真理；无法掌握我们在过去已经证明的真理中的“习惯”知识，除非我们现在再完整目睹一遍证明的过程；也无法说牛顿了解他在《原理》中所证明的定律，除非在他“当面”进行一系列推理的时候。（528–530） 84

知识的概念遭到了许多角度的批评。现代哲学家几乎不会接受洛克对上帝存在的证明。然而其中受到最重要、最普遍攻击的是他对感觉知识的分析。才华横溢的批评者连续不断地提出各式各样的观点，从贝克莱、托马斯·里德、康德到现在的哲学家，他们质疑洛克观点中两个要素的相容性：感觉给予人们关于外部世界的知识，以及全部知识都包括智识对观念的了解。事实上，洛克的理论复杂而精妙，许多反对意见当然没有命中要

图13 洛克作为后现代主义幽灵般的敌人：深信真理是谬误的对立面，真理终会被发现并且值得去追求

害。的确，他认为自然事物的简单观念以某种有力的方式与自然事物的实际所是相符，即给予人们关于这些自然事物特质的知识。这么一来，这类观念与例如道德观念彻底区分开来，后者不需要尝试匹配人心之外某个预先存在的“原型”。他无疑还持有本质上的知觉因果论：感官通过事物性质在我们心中产生观念，从而为我们提供自然知识。此外，他显然运用了17世纪物质和运动的科学术语，来讨论他所设想的因果机制（M 10）：显然“运动与它们的产生过程有关：运动的改变正是由于我们令其改变”。但是他从未想过他的同时代人会清楚认识到这种因果关系的具体运作方式，并且他显然怀疑他们的感官是否敏锐到足以理解这种因果关系，哪怕这种理解只是大体上的。这样看来，他的理论比人们时常所认为的更加精密，更充满怀疑态度，但不能因此否认它的重要缺陷。坚持认为一切认知包含了精神活动和一些意识因素，这是合理的。它保留了一个看似合理的主张，至少在与外部世界的关系上是如此，即“因为除了人心本身，人心所考察的各种事物都没有出现在理解中。因此有必要让另一些东西出现，作为它所考量事物的符号和表象。这 85
些符号和表象就是观念”（720–721）。但是，认为人类理解能力的总体可以充分解释为简单观念的获得与重组，而简单观念是由个人感官与反省提供的，仍然是不可信的。

然而，在此基础上，洛克展开了对自然哲学令人印象深刻的分析：“事物本身特有的存在、组织、性质和作用的知识。”（720）这一描述认识到了感官和记忆的潜在欺骗性，且并没有向全面的怀疑主义屈服。它坚定地区分出独立于人类或其他观察者之外的实体中自然的“第一性”的质（如形状）和部分依赖观察者感知能力的“第二性”的质（如颜色），尽管这区分并不总是很清楚。人们观察到一个立方体，是因为它原本就是这样，跟他们是否观察它无关。但是人们观察到一朵红玫瑰，是因为他们在白日里看到它，它的物理属性恰巧令他们如此观察它。所有的简单观念都是通过我们不理解，或许也无法理解的方式，由事物的“性质”造成的。与第二性的质不同，第一性的质绝不依赖人类和外部事物的关系。人们会自然而然地以为这两种性质都存在于外部事物中。然而仅对第一性的质，这种自然的信念才是完全有根据的。

自然知识限于知觉的简单观念，能在当下感知到，或在回忆中忆起。但是，人们关于自然的信仰当然比这要深阔。它主要建立在对或然性的判断上，建立在对简单观念的精心比较和组合上。因此，它不是认识自然的一种形式，而或多或少是对自然深思熟虑后的猜测。对于生活中大多数更重要的事，人们无所适从，也不明白状况。他们所能做的只是尽可能审慎地判断。但
86 这无疑是他们必须做的。对实际问题坚持要获得其不可获得的知识会导致自我毁灭。它会使人们完全无法行动，生命陷入紧张的中断。自然的普遍真理无法理解，所以在严格的意义上，也不存在自然的**科学**。人们相信他们知道自己的感觉和反省的简单观念与现实，即与世界的本来所是、与他们自己的本来所是相符，这是完全正确的。但是，当他们试图理解他们自身和自然的时候，并不知道他们心中由这些简单材料组合而成的复杂观念，是否与现实相符。相反，人类不得不判断现实是否与他们的复杂观念相符。如果他们用心谨慎地判断，那么这便足以服务所有实际目的。人们不得不去了解上帝对他们的要求。然而，有效地与

自然打交道是不需要知识的，需要的只是有技巧的猜测。

为了掌握关于外部自然的真科学，人们需要掌握对其活动的普遍真理的感觉知识。他们需要真正看到，所有自然影响是如何造成的。上帝本身当然拥有直接观看的能力。甚至天使也可能在略低的程度上，直接观察到一些自然的活动。但是由于感官的局限，人类必须在很大程度上将他们对自然的理解建立在对他们自己的概念和分类的有意识控制上。如果他们无法知道自然的普遍真理，那么他们就拥有最实际的动机去尝试形成关于自然活动的有效、普遍信念。为了增加冒险成功的可能性，他们必须特别留意形成自己复杂观念的方式，以及他们在为这些观念命名时使用文字的方式。简单观念是自然物性质的自然符号，文字则是心中观念的人类符号。简单观念完全是不自主的，文字则统统出于自主。复杂观念介于两者之间，但会屈从于人心故意的规定，其材料完全依赖感官的不自主的释放。人们需要精神上和口头上的极端自我意识来确保对自己的理解行为 87
实现最完全的控制。系统的科学研究和哲学对话公开而切实地表达了精神关怀和责任，在社交机会的范围内，所有人都有义务去关怀和负责。

科学研究无法产生知识，因此洛克认为，科学之名并不副实。当然，科学能增进人们对自然的理解。由于他所崇拜的同时代人——波义耳、牛顿和其他皇家学会重要人物的工作，当时科学研究可谓突飞猛进。这项对自然世界的探究专业、系统且高度理论化，或为了加强人对自然的控制，或为了增进人生在世的生活享受，但我们并不清楚洛克自己对这项探究有何期待。（当然，在医学领域，他期望得到一些直接的世俗好处，但是显然他并没有期望人类控制疾病或缓解疼痛的能力会改观。）然而，无论事实证明科学研究的独特贡献究竟是什么，显然他将它视作一项努力，即为了理解自然、控制自然而采取的积极而切实的努力的一种自然延伸。在他看来，由此努力便区分出“文明的”国度和“野蛮的”国度，相对于后者，前者让生活更加愉悦。（646-647）

或许对自然科学的这一理解中，最令人印象深刻的特点是它对人类自然知识之局限的解释。诚然，在某些方面，洛克明显错误地估计了这些局限，他所看到的人类分类和自然活动之间的差距，要比随后得到化学史甚至生物史证明的要大得多。但是在相信机械模型的解释力，与确信人们无法直接了解自然活动这两者之间，他对平衡作了正确的判断。现代的自然科学哲学家关心的科学则非常不同，其中一些科学的实践效果非常好。他们不赞同洛克的假设，甚至与洛克没有共同的兴趣。与洛克
88 不同，他们并不认为知识是一种观看形式，也没有将人类自然知识的局限与全知上帝据信完美的观看相比较。而且他们多半都不认同这一观点，即相信他们可以大大借助感官的直接帮助和模型的解释力；他们同样不认为，人类能够知道为什么自然会如其所是地活动。因此，与其说自然科学是一种知识形式（就像洛克理解的那样），不如说它是一种特别复杂而机智的信念形式，它与判断（或猜想）有关，与直接观看无关。

洛克并不怀疑有某种东西致使自然活动的每一个细节如其所是。事物自有其特性，而人类之所以知道这些事物存在，正是因为这些性质以特定方式影响着他们的感觉。但是与亚里士多德不同，他怀疑自然是否被分为种类不同、界限分明的事物，他

相信人类无法精确地知道自然是如何划分的，他也确信人类无法通过精确地知道自然是如何划分的而了解自然。无论自然是如何划分的——是由一个模糊的连续体构成，还是由大量种类完全不同的事物组成——自然都令人们如其所是地看待它；而上帝能够清楚看到自然是如何做到这一点的，以及它为什么这么做。人们所能做的一切，就是谨慎精准地将他们自己的简单观念聚集起来，并且同样谨慎精确地运用指涉这些聚集物的语言符号。人们所能了解的自然（而不是感觉和反省的简单观念）恰是他们自己所相信的。通常情况下，他们并不了解他们思考和言说的对象。若非处于某个特定时刻，他们也不了解真正的自然的模样。

至于塑造行动的观念——特别是道德观念，其定位就完全不同了。在这里，人们思考的内容和实际情况之间没有差距。人们对道德问题很容易产生困惑，是因为这些问题缺乏由感觉提供的可感知的外部标准，这些标准是人们必须力图与之匹配 89
的，也很容易拿他们的观念与之比较。但是人们考虑的道德观念，不过是他们试图思考的现实。在这种情况下，洛克所说的“名义的本质”和“实在的本质”之间没有差别，因此可以认为，道德观念拥有一种自然观念所必然缺乏的明晰性。这就是洛克认为道德是可证的，并且当他放弃了自己证明的尝试之后，在很长一段时间里仍然这么认为的原因。

道德概念在潜在意义上如此清晰（实际上道德误解也同样如此），是因为缺少一个匹配这些概念的既有世界。但是，不足为奇的是，这一缺席使得道德概念以另一种方式备受攻击。正如我们所看到的，所有人都拥有有力的、内部的行动原则，这些原则驱使他们以完全不同于洛克自己的道德信念的方式行动。人类社会之所以可能，是因为他们通过同意与反对这组相悖的压力，以及法律惩罚的有效威胁来控制这些行为动机。这两者只不过是个体追求快乐的实际障碍。当一个人确信他实际上能避开那些瞄准他的威胁时，这两者便无法给这人一个理由，让他想要依照道德行动，或选择这么做。因此，有一点对洛克的道德概念具有决定性的重要性，那就是“在暗中察看人”的上帝施加的惩罚，无人可以理性地希望避开这一威胁。这种依赖性在一篇残稿中特别清晰地陈述出来，这篇《道德通论》或许打算当作《人类理解论》的最后一章。（LN 11）纵使有了这种依赖性，《人类理解论》总体上还是显示出一个醒目的缺陷。它所提供的关于上帝存在的论证，并没有将那个致力于惩罚或拯救人类的上帝的事实往前推进一步。基督教概念中的上帝是洛克道德信念的基础，它只有借助神启才能得到证实。[幸运的是，上帝的自然法和他透露出的意愿必然是一致的，它们提供了“试验**道德公正**
90 的唯一试金石”（E 352）。]

信仰

因此，在他最后一部主要著作中，洛克坚定地转向了神启说。他这样做的部分原因是为了宣称——像标题表明的一样——《圣经》中基督教的合理性。（正是理性必须判断一条特定信息是不是上帝的启示，也必须阐释这条信息的确切含义。）然而，他如此急迫地这么做，是因为只有通过基督教神启，他才能保持信心，相信人们的道德义务有效地“传达给了全体人类”。完整的自然法还从未被谁证实（R 89），到1694年，洛克对亲自证实自然法已不抱希望（LC IV 768, 786）。但是上帝通过弥赛亚耶稣宣布了信仰的法则，以此向所有人显明他希望人们如何生活。《旧约》中对于弥赛亚的预言和耶稣的生平事迹完全吻合，连同他所行的神迹，都向他的信徒揭示了他就是弥赛亚。耶稣亲自宣告了信仰的法则，要求人们顺服他，并保证拯救他们以为回报。（R 71–75; W III 466）

近十七个世纪之后，人们不会指望有同样直接的强制力，让他们相信信徒乐在其中，因为传统的神启建立在历史理性，而不是直接经验之上。（E 664, 690–691）然而只要他们考量证据、打开心扉，便不会否定信仰。相信耶稣就是弥赛亚，并且真正努力地遵从他的法则，就足以拯救他们。信仰是信任的一种形式，它与理性并不矛盾，而是超越理性。它需要付出努力（这就是不信神会成为一种罪的原因）。但是它真的为每一个人提供了过上良好生活的可能性。

这对于三十五年的哲学探求来说并不是一个鼓舞人心的结论。我们没有理由认为洛克自己看到这一结论会满怀热情，91
或许打从一开始他就不乐意拥护这一结论。此外，这一结论还有诸多令人沮丧的影响。例如，按照洛克自己的标准来说，人们自身的自然官能有限，因此人们无法，也没有机会**知道**该如何生活。判断和信仰或许足以拯救他们。但是它们所提供的并不等同于一种知识形式。此外，依照这一观点，对所有那些运气不好、没有收到基督教神启好消息的人类来说，他们的命运很难与洛克关于人类在自然中地位的概念，以及他对上帝力量和仁慈的理解相协调。

无论这个结果对洛克自己来说是多么令人沮丧，它还是解

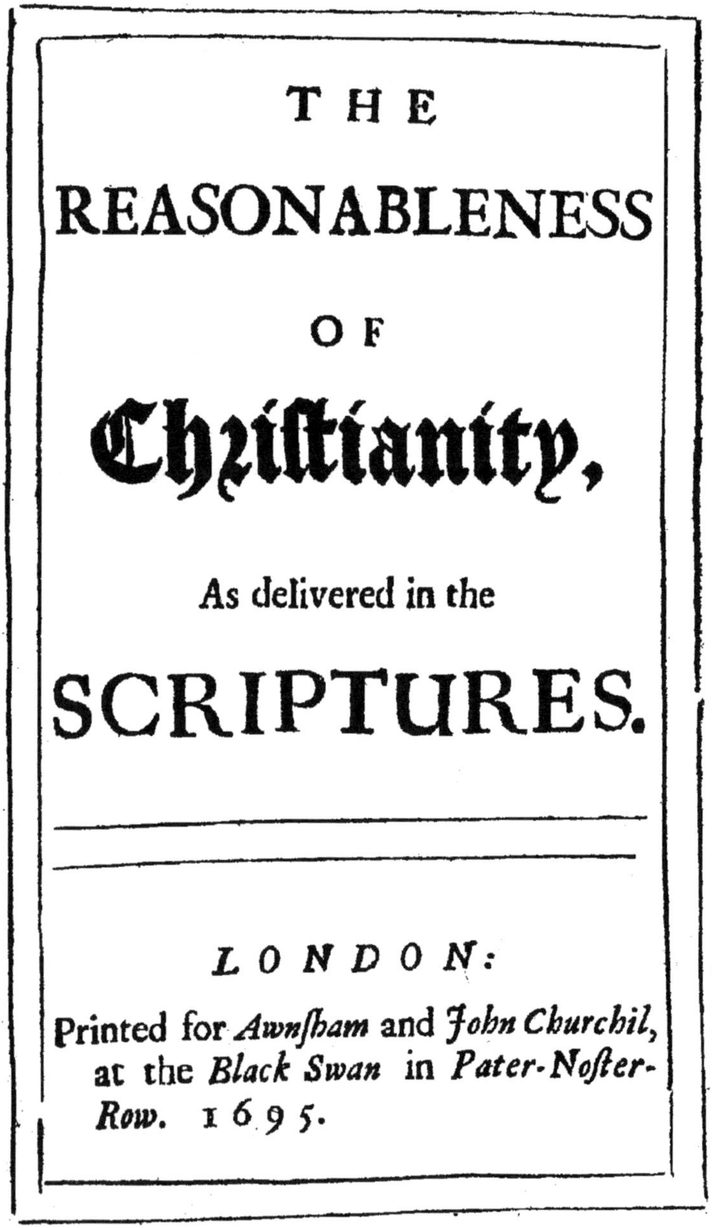

THE

REASONABLENESS

OF

Christianity,

As delivered in the

SCRIPTURES.

LONDON:

Printed for *Awnsham* and *John Churchil*, at the *Black Swan* in *Pater-Noster-Row*. 1695.

图14　重返信仰——耶稣即弥赛亚。这对洛克来说当然不是新的信仰，而是对信仰的全新突显

释了洛克想象所受到的一些关键的限制。判断与信仰一起给予人们充足的理由，让他们按照洛克设想应当遵行的方式去生活。最后，对洛克来说，相较于掌握该如何生活的认识能力，人们有足够的理由按照这种方式生活更为重要。其结果是，真正的道德知识，如同真正的自然科学一样，超出了人类自身的能力范围。正如洛克所想象的那样，在人们的实际生活中，取而代之的是判断与对神的仁慈的信任的结合体。他所描绘的人认识自然的能力——不大的自然能力——的图景，与上帝认识自然的能力的图景形成鲜明对照。面对这些不大的自然能力，怀疑论者的怀疑显得紧张且愚蠢，因为与这些能力不同的是，怀疑在满足日常生活的实际需要方面没有任何作用。在某种意义上（洛克受到笛卡尔哲学的深刻影响，这给了他一些真正的洞见），怀疑主义的力量很大程度上来自以下两者的隐性对比：人们显然拥有理解自然的不大能力，而依据信仰他们相信，上帝拥有一种清晰独特、无法挑战、终极的理解，但他们自己当然无法获得。在 93
洛克看来，这就是说怀疑主义的力量来自人们想要像上帝那样理解自然的放肆需求。

随着对上帝存在的信仰日益动摇，自然知识和道德看起来不可避免地与洛克眼中的大相径庭。事实即将（并已经）证明，在一个无神的世界，为怀疑主义划限确实更加困难。 94

结　语

1698年1月，在写给他的朋友威廉·莫利纽克斯的信中，洛克总结了他毕生的信念。

> 倘若我能将对理解的论述和争论视作针对不同口味的几种佳肴，其中一些对某人来说令人作呕且有害，却可愉悦和滋补另一人，那么我就不会想着写书和研究，而会想着与其阅读和写作，不如在儿戏上投入更多时间。但是我的信念恰恰相反：我知道在谬误的对立面是真理；只要人们愿意就能发现真理，它值得我们去追求，它不仅仅是这世上最有价值的东西，还是最令人愉悦的东西。（LC VI 294–295）

真理独立于人类的欲望和品味，并且至少有一部分真理是在人类的理解范围之内的。这是一个明了普遍的信念，但并不是一个可以深刻解释和证明的简单信念。对洛克来说，哲学家的任务正是提供这种解释和辩护。许多现代哲学家质疑这种辩护能否成立。即便在那些相信辩护可能成立的哲学家中，也几乎没有人认为洛克的尝试是特别成功的。

我们没有理由反对这一结论。在今天看来，洛克从绝大多数哲学家中区别出来，并不是因为他的论证总体来说中肯，而是 95
因为他深刻理解了人们何以有足够理由过上自己生活的哲学意义。如果真理最后确实是建立在人类欲望之上，如果人们没有目的而只有他们自己的意志，那么洛克便是在自我否定中荒

图15　晚年洛克：一位年迈、多病、极为杰出的人

唐地度过了他的一生。近三个世纪之后，在我们自己生活的诸
96 多方面，情况仍然如此。我们的生命是否有意义这个想法很有可能依赖大学哲学系的研究——这一点乍看起来略显滑稽。但在洛克看来，这个笑话最终取笑的是我们。理性如同“上帝的蜡烛”，有充足的光亮供我们所用，一旦我们失去了这个宗教保证，便没有确凿的理由期待它足以照亮我们的任何目的。而一旦我们不再认为我们的目的是外在于我们自身的权威分配给我们的，就很难判断究竟是哪些目的我们有充足理由来看作（或变成）我们自己的。

面对两个危险，即人类总体信仰的不稳定性，以及我们何以有足够理由过上自己生活的模棱两可，洛克的哲学就第一个问题为我们提供的启发相对更多。这当然不是他的本意，但很容易理解。无怪乎当今许多哲学家赞同他的观点，即关于自然、关于人心的复杂发明的真理，同数学和逻辑一样，是不依赖人类欲望的。然而对洛克来说，关于人们何以有足够理由去生活的核心真理，同样不依赖某一特定时刻他们碰巧有意识的欲望。当今哲学家中很少有人会充满信心地认同这一观点，或许没有哪位哲学家清楚如何为之辩护。但是还有人这样生活（更多人不时想要这样生活），仿佛这一观点真的正确一样。正如野蛮地批评洛克伦理观的柯勒律治在一又四分之三个世纪之前所说：“现如今，几乎所有人的行动和感觉都比他们所认为的更加崇高。”

如果人们碰巧喜欢图钉游戏，那么它便与诗歌一样好，这个观点是关于人性善最具影响力的现代理论——杰里米·边沁的功利主义的口号。让洛克拒绝这一口号的不是同样功利主义（并且异常不可信）的声明，即“真理是世上最令人愉悦的东

西”，而是更基本的信念，即真理与谬误不同，真理终会被发现并值得去追求，当真理被发现时，它能清楚说明应该如何生活。他将自己的信任赋予这一信念，并依此生活。因此，几个世纪之后，他仍旧为我们提供了范例，告诉我们如何度过富有精神勇气
的一生。也有可能他错了，不该相信这个信念。倘若确实如此， 97
我们便无法依靠他的思考来保持镇定。但是确凿无疑的是，我
们仍将迫切需要这份精神勇气，就如洛克一样迫切。 98

索　引

（条目后的数字为原书页码，
见本书边码）

A

B

C

D

E

F

G

H

I

J

M

N

O

P

Q

R

索引

S

T

U

V

W

John Dunn

LOCKE

A Very Short Introduction

To the memory of Peter Laslett

Contents

New preface

Since the first version of this book was published in Oxford University Press's 'Past Masters' series in 1984, I have been made to think again about very many aspects of Locke's life by the promptings of a succession of generous friends and fellow scholars: Quentin Skinner, John Kenyon, Judith Shklar, Istvan Hont, Pasquale Pasquino, Bernard Manin, Ole Grell, Avishai Margalit, Ian Harris, John Marshall, Sudipta Kaviraj, Sunil Khilnani, Gary McDowell, and most recently Ian Shapiro. I have also had the singular privilege of working on the Board of the Clarendon Edition of Locke's *Collected Works* under two general editors, John Yolton and Sandy Stewart. These experiences have altered greatly the way in which I see the significance of many aspects of Locke's achievements. But they have done nothing to modify the way in which I saw the man himself whilst I was writing this book, or to change the judgements about the contents of his works which it expresses. Over this time, I have learnt a great deal and forgotten a truly awesome amount. But I still stand by the picture which the book tries to convey, and have therefore chosen not to modify the prose in which it is written, even where (as with the use of the term 'man' to cover all human beings) I would probably phrase some points differently today.

It is a pleasure to take the opportunity of this new guise to thank those who, since 1983, have converted a somewhat casually selected work of apprenticeship into a lifetime's intellectual debt, and the many polished and congenial editors at Oxford University Press with whom I have worked on Locke matters, notably Angela Blackburn and Peter Momtchiloff, and now Emma Simmons. I would like to dedicate this new version to the memory of Peter Laslett, my incomparable and sadly missed graduate supervisor, who did more by his zest, insight, and inexhaustible energy to keep Locke's memory alive and make it possible for others to judge his real purposes than anyone has done for well over a century.

Preface

Locke addressed his intellectual life as a whole to two huge questions. How is it that human beings can know anything? And how should they try to live? He began his career as a university teacher and ended it as very much a man of the world. In its course he thought, and thought hard, about a bewildering range of issues, from the prospects for English foreign trade and the economic consequences of the state of the English coinage to the politics of revolution in the 1680s, the interpretation of St Paul's *Epistles*, and the cultivation of fruit trees. Because his interests were so broad, and because he pursued them with such intelligence and energy, he left behind him a large and impressive body of writings. In a brief work it would be impossible to do justice to the range of his ideas, let alone to assess their originality and unravel their intricate contribution to the intellectual history of the next two centuries. Accordingly, I shall not attempt to assess in any detail the contribution which he made to the various branches of modern thought: economics, theology, political theory, scriptural interpretation, ethics, anthropology, the theory of knowledge, education, and so on. (In particular, I shall not set out a systematic exposition and criticism of his theory of knowledge as a classical moment in the history of British empiricism. To do so would distort his own approach; and it would also, in my view, do little to illuminate questions of current interest.) Instead, I shall focus on the shape of Locke's intellectual life as a whole and attempt to explain how he saw the relation between the two huge and unwieldy questions which he addressed with such courage and tenacity over so many years.

During the last two decades of his life, from 1683 until his death in 1704, it was the question of how men can know to which he devoted his keenest intellectual energies. His answer to it, however poorly understood, marked the mind of Europe for generations. Philosophers today disagree sharply on the merits of this answer. Some see it as a more or less mistaken response to a legitimate and important question. Others regard the question itself as confused and the demand for a comprehensive explanation of the scope and limits of men's cognitive powers as both absurd and impossible to satisfy. Still others see Locke's approach as fundamentally correct, whatever errors he may have made in working it out. It would be presumptuous here to pretend to adjudicate this disagreement. But it is essential to try to show what made Locke himself so eager to construct a theory of knowledge.

It was the second question, the question of how men should try to live, from which his thinking began. By the end of his life he was confident that he had largely answered the question of how men can know – at least in so far as its answer lay within the reach of human powers. But he was far less confident of his ability, on the basis of human powers alone, to show men how they should try to live. Initially he had hoped that an explanation of men's power to know would show them *why* they should try to live as he supposed they should. But the theory of knowledge which he constructed proved to show nothing of the kind. In consequence his theory of practical reason (of what men have good reason to do) was from his own point of view a disastrous failure. Unlike his theory of knowledge, it offers scarcely even the core of a view which we might ourselves hold. Some philosophers today do not regard the question of how men should try to live as a philosophical question at all; and more would not regard it as very clearly expressed. For these or other reasons, Locke's enterprise may well have been doomed from the start; but it remains profoundly instructive. The greatness of a thinker is not always best measured by the confidence and clarity of his intellectual solutions. Sometimes it can be shown at least as dramatically by the resonance of his failures.

What Locke hoped to show men was that a rational understanding of man's place in nature required them to live like Christians. But what he in fact showed was that a rational understanding of their place in nature did not, and does not, *require* men to live in any particular fashion. Worse still, the close relation between conceptions of how to live and the history of particular languages and cultures places all men's lives at the mercy of history. Even if there were a God who had designed the order of nature as a whole for men to live well within it, they could not draw their conceptions of how to live directly from this order through the exercise of their reason alone. Instead they must fashion their values for themselves as best they can out of the more or less seductive or menacing suggestions of others and by their own powers of reflection.

Our views today about how we can know still owe something to Locke. It remains an open question whether they would benefit from, for example, owing more to a better understood Locke or from purging what they still owe to a not very well understood Locke. Our views today about how we should try to live owe little directly to Locke's own beliefs. But it may well be that we have still not taken the measure of his failure. On the whole, Locke is discussed by historians and philosophers today as an optimistic thinker whose optimism was founded on understanding not very well what we ourselves understand altogether better. The case which I wish to put in this book is very different. It is that we should see Locke instead as a tragic thinker, who understood in advance some of the deep contradictions in the modern conception of human reason, and so saw rather clearly some of the tragedy of our own lives which we still see very dimly indeed.

Abbreviations

The following abbreviations are used in references to Locke's works:

E *An Essay concerning Human Understanding*, ed. Peter H. Nidditch (Clarendon Press, 1975).

EA *Draft A of Locke's Essay concerning Human Understanding*, ed. Peter H. Nidditch (Department of Philosophy, University of Sheffield, 1980).

G *Two Tracts on Government*, ed. Philip Abrams (Cambridge University Press, 1967).

LC *The Correspondence of John Locke*, ed. E. S. de Beer, 8 vols. (Clarendon Press, 1976).

LN *Essays on the Law of Nature*, ed. W. von Leyden (Clarendon Press, 1954).

LT *Epistola de Tolerantia and A Letter on Toleration*, ed. R. Klibansky and J. W. Gough (Clarendon Press, 1968).

M *An Examination of P. Malebranche's Opinion of Seeing All Things in God*, *Works*, 7th edn. (London, 1768), iv.

R *The Reasonableness of Christianity as delivered in the Scriptures*, *Works*, 7th edn. (London, 1768), iii.

T *Two Treatises of Government*, ed. Peter Laslett, 2nd edn. (Cambridge University Press, 1967).

V *Venditio*, printed in J. Dunn, 'Justice and the Interpretation of Locke's Political Theory', *Political Studies*, 16/1 (Feb. 1968), 84–7.

W *The Works of John Locke*, 7th edn., 4 vols. (London, 1768).

Important manuscript texts by Locke are cited from:

D John Dunn, *The Political Thought of John Locke* (Cambridge University Press, 1969).

FB H. R. Fox Bourne, *The Life of John Locke*, 2 vols. (London, 1876).

List of illustrations

The publisher and the author apologize for any errors or omissions in the above list. If contacted they will be pleased to rectify these at the earliest opportunity.

Acknowledgements

I am deeply grateful to Michael Ayers for his generosity in lending me in manuscript a large portion of his major study of Locke's philosophy and for the pleasure and excitement which I have derived over many years from his remarkable knowledge and understanding of Locke's works. For Oxford University Press, Henry Hardy, Keith Thomas, and Alan Ryan have given me extremely helpful advice in preparing the text and have shown me throughout far more patience than I deserved. I am greatly indebted, as so often before, to many friends who have at different stages and for different reasons read drafts of part or all of it. For their encouragement, help, and criticism I should particularly like to thank Cynthia Farrar, Michael Ignatieff, Takashi Kato, Jonathan Lear, and Quentin Skinner.

Chapter 1
Life

John Locke was born in a Somerset village in the summer of 1632. He died in the country house of his friends the Mashams, at Oates in Essex, late in October 1704. Until his mid-thirties he lived what was, at least in its externals, a rather unexciting life. But for more than three decades – from the year 1667 – he was closely involved with the vagaries of English national politics. In his late fifties, for the first time and quite suddenly, he became a very famous man. From then on almost any of his correspondents might have described him without irony, with Lady Mary Calverley, as simply 'the greatest man in the world' (LC IV 105). When at last it did come, fame came to him as a philosopher, from the publication of his writings and especially, in the year 1689, of the great *Essay concerning Human Understanding*. It is this fame which has persisted, without interruption, until today.

By the time that Locke was 40 he had in most ways grown very far away from his Somerset origins; and the real social distance between him and the rest of his family must have widened fairly steadily for the rest of his life. But in some fundamental respects, what he owed (for better or worse) to his parental upbringing remained the centre of his feelings and attitudes until the day he died. It is unusual in the case of a man or woman of the 17th century to be able to assess continuities of this kind with any confidence. But one of the peculiarities of Locke's temperament was his extreme reluctance to throw away any papers on which he had written. Since, by great good fortune, most of those which remained at his death have come down to us, we do in fact know more about him than we do about all but a handful of his contemporaries or predecessors. What this mass of manuscripts makes clear is that throughout adulthood Locke sustained a deeply Puritan pattern of sentiment, a pattern which places a sense of duty at the centre of the individual life. He was not in any way a morose and joyless person. But he did impose very fierce demands, upon himself as much as on others; and he was extremely moralistic in his reactions when these demands were not met. There was nothing Puritan about most of the philosophical views which won him immortality; and many of them would have shocked any Puritan alive in 1632. But the personal identity which gave his thought as a whole its integrity and human depth was that of a deeply Puritan self.

Locke's father and mother each came from Puritan trading families, clothiers on the father's side and tanners on the mother's. His father earned a not very impressive living as an attorney and clerk to the

1. Locke's birthplace at Wrington, Somerset. Not a hovel, even seen two centuries later, but very far from grand.

Justices of the Peace in Somerset. In addition he owned some land; not enough in itself to enable either him or his son to live the life of a gentleman, but enough to lead the son in later years to style himself as such on the title-page of his greatest work. In itself this background did not guarantee Locke much of a future. But if his immediate family was parochial in its interests and somewhat ineffectual in its worldly pursuits, it did have more powerful and successful acquaintances. The most important of these was Alexander Popham. Like Locke's father, Popham had fought as an officer in the Parliamentary cavalry in Somerset in the early stages of the Civil War; and he went on to be a West Country Member of Parliament and a prominent figure in national politics. In 1647, as Member of Parliament for Bath, he was in a position to offer his attorney and brother officer the opportunity to send the latter's elder son to Westminster school. In later years Locke's father continued to hope for patronage from his influential political allies. But except perhaps for his son's crucial passage from Westminster school to Christ Church, Oxford, where a powerful patron appears once again to have been indispensable, his hopes seem always to have been disappointed. But if he left little impact upon a wider world, it is clear enough that this austere and, in later life, somewhat embittered man left a deep impress upon his brilliant son: an independence of spirit and force of self-discipline which were to mould Locke's entire life.

It is easiest to see the shape of this life in terms of three large movements, each of which carried Locke further away from his Somerset origins. The first move, to Westminster and then to Christ Church, marked the furthest stretch of his family's own resources and reasonable expectations. It carried him within easy reach of a clerical career, either inside or outside the university, a career which, with only moderate fortune and prudence, might fully match his intellectual abilities. ('A man of parts,' wrote his cousin John Strachey, 'let him study but complyance, hee need want noe preferment' (LC I 215).) But even as a young man with very few prospects, Locke clearly did not find compliance agreeable; and he seems never to have been attracted by the idea of a clerical career. A second possibility, less conventional and narrower but also more congenial, was to become a doctor. This was a possibility which Locke in fact pursued with some vigour, studying medicine systematically over several decades and offering extensive medical advice to friends and acquaintances. He worked closely with one of the great physicians of the 17th century, Dr Thomas Sydenham, a pioneer in the treatment of infectious diseases. Sydenham's approach to the study of illness was unusually self-conscious and systematic, and Locke's own conception of how men come to know about the natural world may well have been influenced by this collaboration. Fittingly, also, it was his medical interests, not his expertise as a philosopher or theologian, which gave him the great opportunity of his life.

The second movement came in 1666. In that year, through another medical friend, David Thomas, Locke met for the first time Lord Ashley, later the first Earl of Shaftesbury, a leading political figure at the court of Charles II. The occasion for the meeting was casual enough – a visit by Ashley to Oxford to drink the spa waters of Astrop. But its consequences, for Locke at least, were momentous. Within a year of this first meeting he had joined Ashley's household in London. A year later, in 1668, his patron underwent under Locke's supervision a major operation, for a suppurating cyst on the liver, and against all the odds the operation proved successful. For the next 14 years he 'studied complyance' with Shaftesbury's whims and shared his master's turbulent fortunes. The move from the placid, if sometimes ill-tempered, backwater of Restoration Oxford to the seething life of Shaftesbury's household was a drastic one. Not that Locke himself ever voluntarily abandoned his position at Oxford (he was in fact expelled from it on government instructions after fleeing into exile in 1683); but the weight of his energies and hopes and fears, for the remainder of his life, rested elsewhere. From this time on, his personal fortunes rose and fell with those of his master and, after Shaftesbury's death in 1683, with those of the broad political grouping he had led.

2. Thomas Sydenham, medical pioneer and inspiration for much of Locke's early conception of medical and scientific method.

In the years between 1667 and 1683 Shaftesbury was at different stages the most powerful political figure at Charles II's court and the leader of a national political opposition to that court which in the end threatened and perhaps planned a revolution to overthrow it. Both his triumphs and his failures marked Locke's imagination deeply. It was Shaftesbury who taught him to understand the economic responsibilities of the English State in its domestic market and in foreign commerce, who taught him to see the conditions and possibilities for economic prosperity as a central preoccupation for statecraft and a fundamental consideration in assessing any society's merits. If Locke's intellectual energies were in the end harnessed to any great degree by the cruel but vigorous dynamism of the English economy of his day, it was Shaftesbury who caused them to be so. There is a direct line of continuity between Locke's service on the Council of Trade during Shaftesbury's Chancellorship in 1672 and his service on William's Board of Trade in the 1690s, and an equally direct line between the economic understanding set out in his first economic writing in 1668 and the major works on regulating the rate of interest and on restoring the coinage which he wrote to advise William's government. Equally direct in terms of content, though not perhaps of motivation, is the link between Shaftesbury's steady commitment to toleration for Dissenters in the face of Restoration Anglicanism and Locke's spirited public and private campaign for toleration and freedom of the Press in the last two decades of his life. Equally clear is the tie between Shaftesbury's somewhat belated insistence, in the course of the so-called Exclusion crisis (the struggle to exclude Charles II's Catholic brother, James Duke of York, from the succession to the throne), on the representative basis of political legitimacy and Locke's great defence, in the *Two Treatises of Government*, of the rights to be governed only with consent and to resist unjust power.

The extent of this impact was, no doubt, largely a consequence simply of the range of experience which Shaftesbury's service opened up to Locke, the quite new practical vision of the social and political world with which it presented him. But it is clear, too, that it was a deeply personal impact. In the course of his life Locke had many close friends and very many more friends who, if less close, were also men and women of great power or wealth or very high intelligence: political grandees like Pembroke and Somers, scientists like Robert Boyle and Isaac Newton, theologians like Limborch. However much he liked and respected Locke as a man, Shaftesbury was, of course, very much master as well as friend. But

3. Locke's great patron, first Earl of Shaftesbury, leading minister, and later bitter opponent, of Charles II.

lop-sided though their friendship plainly was, it did not lack emotional energy; and over those 16 years it is clear that his great patron made Locke into a very different man.

They make a strange pair, these two figures between whom Locke's adult life was moulded: the awkward, repressed failure of a father and the glittering, untrustworthy, endlessly fascinating courtier who at the close of his life failed far more spectacularly. Strange –

but in some ways singularly propitious. For each served admirably to offset the deficiencies in imagination of the other: the worried, ineradicable scruple of the first and the force, recklessness, and irresponsibility of the second. From the tension between the two – and after the death of each – came the extraordinary intellectual framework of Locke's philosophy.

This third movement, the commitment to philosophical understanding, was, of course, far less obvious to the outsider and more gradual than either the shift to Westminster and Oxford or the entry into Shaftesbury's service. Locke's concern with philosophical questions of political authority and toleration, of ethics and the theory of knowledge, went back at least to the late 1650s. Indeed there is no reason to suppose that he would not have thought and written at length about philosophy if he had in fact taken holy orders, had never encountered Shaftesbury, and had remained an Oxford don for the rest of his life. Nor did he ever succeed, until he was a very old and sick man, in extricating himself from the political and public responsibilities in which Shaftesbury's service had initially involved him. But if philosophy and politics continued to compete for his energies and attention from 1667 until shortly before his death, the balance between the two was struck very differently at different stages of his life.

Up until the year 1667, during the 15 years which he spent at Oxford as a Student at Christ Church, Locke's philosophical writing was confined essentially to two major pieces of work. The first of these was a pair of essays on the demerits of claims to religious toleration, one in English and one in Latin, written in 1660 and 1661 and unpublished until the 20th century, the *Two Tracts on Government*. The second was a set of Latin lectures on the law of nature, delivered by him in 1664 as Censor of Moral Philosophy at Christ Church and also unpublished until the 20th century, the *Essays on the Law of Nature*. The questions of the scope and limits of religious liberty and of how men ought to live remained central to Locke's thinking in later decades. But these first two pieces of

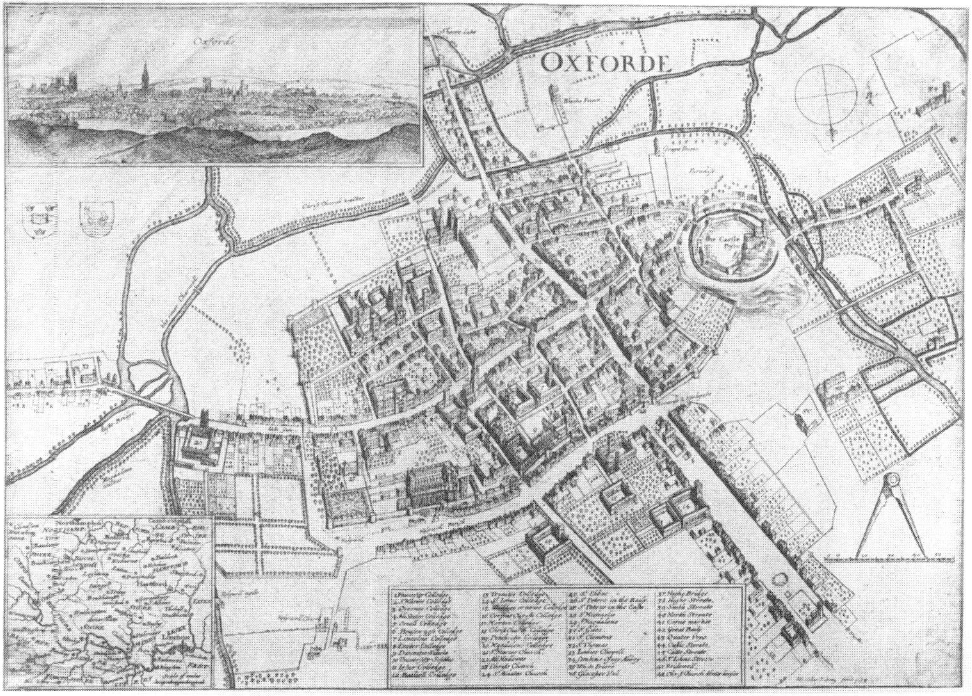

4. Oxford in mid-century: the problem of religious toleration shrunk to the scale of an inglorious College squabble (surplices in the College sewer).

writing lacked the breadth and urgency of his mature works; and they showed a very different political attitude. The most important intellectual opportunity which Oxford offered him in these years was not the chance to begin to work out and express what we should now think of as philosophical opinions, but rather the chance to participate in the chemical and medical researches of Boyle, Hooke, Lower and Sydenham. From these men Locke learnt the value of sustained and disciplined observation, of humility, patience, and diligence in man's attempt to grasp the secrets of nature. As Sydenham put it in 1669, in a manuscript written in Locke's own hand:

> True knowledge grew first in the world by experience and rational observation, but proud man, not content with the knowledge he was capable of, and which was useful to him, would needs penetrate into the hidden causes of things, lay down principles, and establish maxims to himself about the operations of nature, and thus vainly expect that nature, or in truth God should proceed according to those laws which his maxims had prescribed to him.

It was this background of practical scientific enquiry which Locke brought to bear on his reading of the two great Continental philosophers of the early scientific revolution, René Descartes and Pierre Gassendi, whose views affected him deeply in the late 1660s. Of the two, Locke's mature views were in many ways considerably closer to those of Gassendi. But, as he told Lady Masham, it was those of Descartes which first strongly attracted him to philosophy, to the attempt to understand very precisely and systematically what knowledge man 'was capable of'. The *Essay concerning Human Understanding* itself was, as he said in his *Epistle to the Reader*, an attempt 'to examine our own abilities, and see what objects our understandings were or were not fitted to deal with'. Most of the *Essay* was not in fact written until the late 1680s. But there exist extended drafts of many of the main arguments which were written as early as the year 1671. Besides these first sketches of the *Essay*,

Locke also wrote other important works in this period: in 1668 a lengthy manuscript on the futility of governmental efforts to regulate the rate of interest, and in 1667 an essay on toleration, fully in the spirit of Shaftesbury's policies on the subject and decisively reversing his own more authoritarian views of the early 1660s. On the whole, however, his time in these years was too taken up with administrative work in Shaftesbury's public or private concerns, as colonial proprietor, great landowner and Minister of the Crown, to leave him the leisure for sustained philosophical work. By 1675 Shaftesbury was firmly in opposition to the King's government under Danby, and Locke himself was in very poor health. For the next three and a half years, a time of considerable danger for Shaftesbury, Locke travelled in France, for much of it in the rather trying company of Caleb Banks, the son of one of Shaftesbury's richest political associates. In the course of his travels he met many French doctors, scientists and theologians and made close friends with several of them. He also translated some of the moral essays of the Jansenist Pierre Nicole. But he does not appear to have worked on any original writings of his own.

At the end of April 1679, however, he returned to London. The next four years, up to the late summer of 1683 when he fled to Rotterdam, are a time of some obscurity in his life. His patron Shaftesbury had already lost his political influence at court by the time of Locke's departure to France in 1675. Even at this point Locke's services to him 'in his library and closet' were no longer confined to the 'business of a Minister of State'. He may well, for example, have drafted the 1675 pamphlet, *A Letter from a Person of Quality to his Friend in the Country*, in which Shaftesbury's opposition programme was set out; a pamphlet which earned the distinction of being burnt by the public hangman. By 1679 Shaftesbury's opposition to the policies of Charles II's government had sharpened. In the course of the next four years, during the Exclusion crisis, he organized and led a national political movement against the Crown, aimed at strengthening the constitutional restraints on royal authority, protecting the rights of the elected House of Commons and excluding Charles II's Catholic brother James from the succession to the throne. It was a bitter and dangerous struggle in which the line between exercising legally recognized political rights and committing high treason was always difficult to draw. But there was no doubt at all of Charles's eagerness to draw it at the earliest possible stage. By 1682, if not before, Shaftesbury himself and Locke, Algernon Sidney, Lord William Russell, and the Earl of Essex were all gambling with their lives. In the event Shaftesbury, at least, contrived to escape to the Netherlands, where he promptly died. But in June 1683, after the failure of the Rye House Plot to kidnap Charles and James on their return from Newmarket races, Sidney, Russell, and Essex were all arrested. Essex subsequently committed suicide in the Tower of London, while Russell and Sidney met their deaths on the scaffold. Amongst the charges against Sidney at his trial was the authorship of seditious manuscripts. The latter included a lengthy attack on Sir Robert Filmer's ultra-royalist tract *Patriarcha*, an attack which was published posthumously, following Sidney's execution, as his *Discourses on Government*. Locke too was certainly under close governmental observation during the late summer of 1683, though he was scarcely a figure of the political importance of Essex, Russell, or even Sidney. But he too, it now seems clear, must have had in his possession at that time an extremely seditious manuscript, the *Two Treatises of Government*, which likewise attacked the political theories of Filmer and which roundly endorsed the people's right of revolution against even a legitimate monarch where that monarch had grossly abused his powers. As it turned out, Locke managed to slip away into exile in Holland by September 1683; and, although his Christ Church Studentship was withdrawn from him on royal command the next year, and the British government made unsuccessful attempts in 1685 to have him extradited, along with other Whig exiles, he was in much less danger from then on.

Exactly when and why he settled down to write the *Two Treatises* is still unclear and it is likely to remain so. Sedition was a hazardous business in 17th-century England; and the *Two Treatises of Government*, written in the circumstances of the Exclusion crisis, was an intensely seditious work. At least from 1683 on Locke showed himself to be a markedly cautious and secretive person. But we do know one or two interesting details about what he was doing in these years. In 1680, for example, he spent a considerable amount of time at Oakley, the country house of his friend James Tyrrell, who himself in 1681 published an attack on the political theory of Filmer, *Patriarcha non Monarcha*. Between 1680 and perhaps 1682 Tyrrell and Locke worked together on a lengthy (and still unpublished) manuscript work, defending the principles of toleration against a leading Anglican apologist, Edward Stillingfleet. It was to Tyrrell, amongst others, as a government spy reported, that Locke entrusted 'several handbaskets of papers' while preparing for his departure from Oxford in July 1683. For Shaftesbury's political followers in those years, the defence of the political and religious rights of the Dissenters and the criticism of the most vehement English theorist of royal absolutism were both tasks of great urgency.

When he went into exile late in the summer of 1683 Locke had already passed the age of 50 and had published nothing of his own which was of the least consequence. The only major work of his own which we may be certain had been written for publication, the *Two Treatises of Government*, was for the moment more a source of hazard than a ground for self-congratulation. On the other hand, exile, however disagreeable and even dangerous in some ways, did present certain opportunities. For one thing, Locke made many friends, some of them very close, amongst the English merchant community and Dutch theologians and, after the revocation of the Edict of Nantes in 1685, amongst French Protestant refugees. For another, he had the time to think and write systematically and at length, without the immediate distractions of politics. He might not be in good health and his worldly prospects might be unenticing, but at least he had the chance to muster his powers and leave something substantial to posterity. It was during these years that he wrote both the *Essay concerning Human Understanding* and the *Letter on Toleration.*

In 1688 his worldly prospects improved sharply, with the landing of the Protestant William of Orange in England and the flight of the Roman Catholic King James II. Early the next year Locke returned to England and in the course of it his three greatest works were printed. Two appeared anonymously, the *Letter on Toleration* first in Latin in Holland in April and then in English in London in October, and the *Two Treatises of Government* in London at the end of the year. But one, the *Essay concerning Human Understanding*, was issued in mid-December in a fine folio volume and with his own name firmly on the title-page. It was a remarkable publishing debut.

In the 15 years which remained to him before his death in 1704 his commitments remained as diverse as ever. Some were political in the narrowest sense: the consolidation of William's constitutional and political position, the reorganization of the English coinage, the establishment of an effective credit system for the English State through the new Bank of England, and the development of institutions through which the government could exercise more effectively its responsibilities for the prosperity of English foreign trade. In each of these Locke himself was actively engaged, in the last three as a trusted intellectual adviser to the country's leading statesmen and over foreign trade as a lavishly rewarded public official on the new Board of Trade. Each of these preoccupations represented, in some measure, a fulfilment of Shaftesbury's programme of the late 1660s and early 1670s, a programme of highly self-conscious commercial imperialism in a narrowly English interest. In the legal and political arrangements of the Revolution settlement Locke played a more discreet and a considerably less influential role. It seems likely, too, that on the central issue of constitutional reform and the increase in the political power of an elected legislature, the outcome was much further from his wishes than it was in the case of monetary, fiscal, or economic policy. More importantly perhaps, it is also clear that the political character of the Revolution settlement engaged his feelings and beliefs far more deeply than the technical details of governmental economic policy, and that he saw the significance of the former in a much broader and less chauvinistic context.

In the course of the Exclusion controversy itself, and later in exile in Holland in the tolerant and sophisticated company of Dutch Arminian theologians and merchants and of some of the younger Huguenot refugees, he had come to see the interests of European Protestantism and those of political freedom as bound tightly together. The Catholic absolutism of Louis XIV, with its direct military menace to surviving Protestant States and its intractable commitment to religious uniformity, had come to symbolize politically all that Locke hated: the deep confusion between the arrogance, ambition, and corruption of human beings and the purposes of God. As soon as Locke entered Shaftesbury's household his views on the toleration of Dissenters from the Established Church shifted to a more relaxed and pragmatic attitude. In subsequent years the detachment fell away and he came to see (and, more importantly, to feel) the issue of toleration less and less as an issue of State policy and more and more as one of individual human right. In exile, for nearly six years, he had watched with growing fear the political and cultural, perhaps even the religious, future of Europe hang in the balance as the English Crown passed to a Catholic monarch and as Louis XIV threatened to overrun the last major bastion of Continental Protestantism in the Netherlands, revoked the Edict of Nantes, and settled down to crush the Huguenot Church and literally to dragoon its hapless adherents into the Catholic faith. (This last episode was sufficiently dramatic to add a verb to the English language.) It was in response to these events, to counter a peril which was European and not merely English, that he wrote the *Letter on Toleration*, which, unlike any of the other books that he published in his own lifetime, was first printed in the Latin which still served as the international language of European intellectuals.

5. Locke's first public defence of the right to religious toleration. Note the (anonymous) Dutch publication, the discreet dedication to his friend Limborch, and the equally discreet Latin affirmation of his own identity as a lover of peace, a hater of persecution, and an Englishman.

By 1689 the 'Protestant wind' had carried William of Orange safely across the Channel and the balance had at last begun to dip in the direction which Locke desired. The *Letter* was translated into English by a Unitarian merchant, William Popple; and, as we have already seen, it was published in England later in the same year that it had first appeared in Holland. Its insistence that any human attempt to interfere with religious belief or worship was blasphemously presumptuous was far more extreme than the modest concessions to the Dissenters which William and his government thought it prudent to make. In April of the next year the *Letter* was attacked at length in print by an Oxford cleric, Jonas Proast, the first of Locke's works to receive this honour. In the next few years Locke published two lengthy replies to Proast, and the latter, in each case, replied once more himself.

Locke remained, however, not merely unwilling to disclose his authorship of the *Letter* and the *Two Treatises*, but more than a little hysterical when friends incautiously or inadvertently threatened to disclose it for him. Even Limborch, to whom he was genuinely devoted, was savaged for acknowledging Locke's authorship of the *Letter* to other mutual friends in Holland, while the unfortunate Tyrrell, with whom Locke's relationship had grown increasingly testy, was brutally reprimanded for ascribing the *Two Treatises* to him. As late as 1698 (though admittedly under highly embarrassing circumstances) Locke refused obdurately to admit in writing even to one of his closest and most trusted friends, William Molyneux, that he had indeed written the *Two Treatises*. There can be no doubt at all that by this time his authorship of these works was a matter of common knowledge, and it is clear, not merely from the terms of his will but from some remarkably coy instances of self-praise (W IV 602, 640), that he continued to his death to endorse at least the essentials of their arguments. In the case of the *Two Treatises*, moreover, he carefully supervised the printing of a second edition in the year 1694 and worked painstakingly over a further edition, incorporating some important additions, which did not appear until after his death.

6. **Dragooning the Huguenots: the focus and occasion for Locke's first public defence of the right to religious toleration.**

In these years too he published a number of further works of some importance. Two of these, in 1691 and 1695, were concerned with the coinage. A third, *Some Thoughts concerning Education*, was issued in 1693 and went through three editions in the next few years. It had originated in a lengthy series of letters to a friend, the Somerset gentleman Edward Clarke, and to his wife Mary, advising them on the health and upbringing of their children. One of Locke's most accessible works, it shows a notably unsentimental view of a child's psychological development, both intellectually and morally. Besides the light it casts on Locke's conception of how a human being becomes fully human (principally by learning to control his or her less admirable desires), it seems also to have been of some historical importance in shaping English toilet-training practices, at least amongst the educated classes. In the case of these works Locke was decidedly less reluctant to acknowledge his authorship, though he did not in fact issue any of them initially under his own name. But in the case of his last unquestionably major work, *The Reasonableness of Christianity*, which appeared in 1695, he was once again determinedly secretive. As it turned out, he had good reason to be so, since the book proved extremely controversial, being attacked twice within two years by John Edwards for Socinianism, a recondite Continental heresy stressing the authority of reason and scripture which rejected the doctrine of the Trinity and which Edwards himself roundly equated with atheism. Locke replied to these attacks in two anonymous and somewhat disingenuous *Vindications* of his work. To make matters worse, in 1696 he was attacked once again on similar grounds by a far more formidable antagonist, none other than Edward Stillingfleet, the Anglican apologist for religious intolerance whom Locke and Tyrrell had worked together to refute during the Exclusion controversy, who now held the bishopric of Worcester.

The attack was especially damaging, not merely because the charge of Socinianism (unlike that of atheism) was an extremely plausible one to level at Locke's religious views, but also because Stillingfleet elected to press it not on the grounds of the *Reasonableness*, a text which Locke was by now most unlikely to acknowledge as his own, but rather on those of the *Essay*, a text which he could hardly in principle have repudiated since it was published under his own name, and which in any case he keenly desired to defend. He duly replied to Stillingfleet too, in three further works in 1697. Apart from the amendments to the fourth edition of the *Essay* which appeared in 1700, these replies in effect constituted his last public intellectual appearance in his lifetime.

By this stage of his life Locke's concerns were beginning to narrow and it becomes possible to pick out more clearly the strategy and tactics of his own custody of his intellectual legacy. We must postpone until the next two chapters a detailed assessment of the scope and limits of his intellectual achievement. But it may be illuminating to consider here in outline some of the more public tensions within that legacy and the practical implications which followed from them.

At his death Locke at last assumed full responsibility for all his published works. But until then, as we have seen, he remained anxious to segregate the *Essay*, a work of philosophy which he had always acknowledged as his own, from his anonymous writings on politics and religion. We do not know very clearly why he was so anxious to keep these apart. Perhaps, indeed, he did not know especially clearly himself. But one likely reason is the simple recognition, strongly confirmed from 1690 onwards, that the difficulty of retaining control over opinions expressed in one work is greatly accentuated by juxtaposing them with related opinions on further topics, expressed in one or more other works. Defending or improving the *Essay* was an ample assignment in itself; and Locke was always, with good reason, confident that it was the *Essay* that was his great achievement.

The theory of knowledge set out in the *Essay* is in some ways extremely sceptical. Locke himself did not regard it as in any way impugning the truth of Christian belief. But most of his contemporaries were hardly in a position to share his confidence since, if the arguments of the *Essay* were true, the particular interpretations of Christianity which they happened themselves to believe were certainly false. By the same token, Locke's sceptical view of man's capacity to know and his vigorous emphasis on the duty to tolerate religious beliefs which one happens to disbelieve and dislike might be natural partners in someone whose own religious convictions are clear and strong. But in anyone whose own religious convictions were less substantial, their union might seem alarmingly arbitrary and unstable. If Locke's reasons for insisting on religious tolerance were distinctively religious reasons (and reasons which led him to withhold toleration both from Catholics and from atheists), the consequences of his insistence, together with the later influence of his conception of man's capacity to know, might readily be (and largely were) to weaken religious conviction in others. This danger, of course, was one on which his critics were from the beginning eager to insist – and not merely in the form of Edwards's gutter polemics or Stillingfleet's ecclesiastical hauteur, but also of intellectual assessments of real weight such as that of the great German philosopher Leibniz. On the question of toleration in particular, Locke might well have seen by the date of his death the extreme political instability of his position between an authoritarian Anglicanism (such as Stillingfleet's), which was simply a pale shadow of the Sun King's absolutist pretensions, and the cheerily licentious deism of men like John Toland who claimed unabashedly to be pursuing the implications of Locke's theory of knowledge. As Locke advocated it, religious freedom was freedom to be religious in one's own way. It was emphatically not, as Toland gleefully took it to be, freedom to be utterly indifferent to religious considerations.

A comparable difficulty arose in the year 1698 over the conception of political duty set out in the *Two Treatises*. Locke's close friend William Molyneux was a Member of the Irish Parliament, which was at that time in conflict with the English House of Commons over the latter's entitlement to control the Irish economy and prevent its products from competing with those of England. Locke himself was closely concerned with the formulation of English State policy on the question through his membership of the Board of Trade. In 1698 Molyneux published a book on the issue, *The Case of Ireland*, which was to become one of the classic texts of Irish nationalism. In it he argued that for one country to legislate for another was incompatible with the theory of political rights set out in the *Two Treatises*. The work caused sufficient offence to be burnt by order of the House of Lords; and within months Molyneux came to England to meet for the first time, and to stay with, his friend. We do not, unfortunately, have any idea what they said to each other about the matter. But the meeting is dramatic enough even without such knowledge. For Molyneux's arguments about the implications of Locke's political theory paralleled very closely the arguments of the American colonists in the 1760s and 1770s; and whatever Locke did have to say in reply would apply directly enough to the use which American pamphleteers and spokesmen, from James Otis to Thomas Jefferson, were to make of his text. More interestingly still, as one of Molyneux's critics pointed out, in the case of Ireland, what Locke's theory implied (if it applied at all) was not that the resident English Protestant gentry in the Dublin Parliament had a right to control the economy of the country in which they lived, but rather that the native Catholic Irish had a right to do so. It is hard to think of a conclusion less likely to appeal to Locke, with his deep dislike of Catholicism and his nervous sense of the geopolitical vulnerability of European Protestantism. (The year 1698 was only eight years after the Battle of the Boyne, the most important military engagement which William III had had to face in consolidating his hold on the English Crown.) The political liberty that Locke had sought to vindicate in the *Two Treatises* was a liberty for Protestants within the British State. There is no reason to believe that he would have been reluctant to extend it to foreign Catholics in foreign Catholic States. What it emphatically was not intended to be was a liberty for Irish Catholics from the British Crown.

Some of the impact of Locke's writings was simply a product of the

7. The Battle of the Boyne, July 1690, William's initial military victory in Ireland, and still the emblem of Protestant triumph over the presumed threat of Catholicism.

arguments which they contained; and if the impact they made was not always an impact which he would have desired, all complicated thought is potentially subject to this hazard. But some – perhaps especially in the case of the *Essay* – was also a product of the form in which his writings reached readers and of the particular range of readers whom they reached. In England the *Essay* made its own way and made it with some rapidity, forcing itself upon the attention of even the universities (which were generally hostile to novel ideas, particularly those which they took to be theologically subversive) in the course of the author's lifetime. But the channels through which it reached a European public were rather narrower and more distinct. The first appearance of any part of the *Essay* in print was a French abridgement, issued in Amsterdam as a separate pamphlet in February 1688 but originally prepared for, and also included within, a leading intellectual journal, the *Bibliothèque Universelle*. Most of Locke's subsequent works were also reviewed at length in one or other of the variety of intellectual periodicals which were published in the Netherlands over the next few decades and edited in their earlier years for the most part by French Protestant refugees like Pierre Bayle and Jean Le Clerc. Since the diffusion of several of these journals was remarkably broad, Locke's works reached a wide intellectual public, particularly in France, comparatively quickly. A second important channel of diffusion, also a consequence of Locke's relations with French Protestantism, was more accidental and personal. Jean Barbeyrac, a French Protestant refugee, had exchanged letters with him in the last few years of his life. Early in the 18th century Barbeyrac began his great series of translations and critical editions of Grotius, Pufendorf, and other leading European texts on the Law of Nature. In these, for the first time, he offered a full and very carefully judged summary of the implications of Locke's philosophy and political writings for the central issues of ethics and politics. For several decades these texts were probably read more widely in many European countries than any other modern writings on ethics and politics; and they were at the centre of a major branch of law teaching in a wide array of British and European universities. Just as Locke's own most important philosophical thinking was first prompted by Descartes and Gassendi, the scope of his European experiences and friendships guaranteed that its intellectual impact was in no danger of being confined to the British Isles.

In the last decade and a half of his life, as an old, sick, and immensely distinguished man, he was at last in a position to see more clearly the shape of his life as a whole and to sense the scale and meaning of his achievement. At the centre of this achievement lay the experience and the labours of his exile. At Shaftesbury's right hand Locke had been competing for public office and political power in his own country, living what even Machiavelli would have seen as a life of political virtue. When he returned from exile in 1689 he continued to discharge his political responsibilities. But in exile, for the first time in his life, he had acquired other and more pressing responsibilities. They had come essentially from his change of mind on the question of toleration. If freedom or restriction of religious practice was simply a matter of State policy, like foreign trade or defence, religious policy and civic virtue could not be seriously at odds. But if the right to worship God in one's own way was an individual right against any possible State power, the limits of religious policy were too important and too puzzling to be left to the crude judgement of civic virtue. With the massive intellectual labours of his exile, the *Letter* and the *Essay*, Locke had come to put his trust not in English nationalism and the political fortunes of the English State, but in working through, and making more accessible to other human beings, a culture of shared religious good intentions. He continued, certainly, to do his best, despite exhaustion and illness, to make the world in general and England in particular a safer setting for this culture. But his main energies were devoted to the construction and fuller understanding of the culture itself, to exploring how exactly human capabilities could enable men to live in tune with God's world and to know that they were doing so. In this effort he depended very heavily on the emotional support of his friends Limborch and William Molyneux, and on younger men such as the deist Anthony Collins and the future Lord

Chancellor Peter King. Shared religious good intentions were easier to trust than purely private hopes. But he also depended, and needed to depend, on at least one purely private hope, the hope that the better this culture was understood the easier it would be to believe in it and to live it. His hope remained very much a faith in a human future, not the future of a particular political unit but that of a potential civilization of indefinite geographical scope and historical duration.

Great historical movements are never the product of a single person's achievements. But there is a real justice in seeing the European Enlightenment as Locke's legacy: both his triumph and his tragedy. As it turned out, the culture which he wished to fashion did not become easier to believe in and to live the better it was understood. Instead it fragmented alarmingly. Shared religious good intentions gave way to shared secular good intentions; and the latter, too, gave way to violent and acrimonious wranglings over which secular intentions truly are good. The clearer his view of what men can know became, the less convincing became his view of how they have good reason to live their lives. If the Enlightenment was genuinely his legacy, it was scarcely the legacy which he wished to leave.

We are all of us the children of his failure.

Chapter 2
The politics of trust

In the year 1660 Locke composed his first two major writings (now commonly known as the *Two Tracts on Government*), a tract in English, *Question: Whether the Civill Magistrate may lawfully impose and determine the use of indifferent things in reference to Religious Worship*, and a briefer but more systematic Latin work on the same theme.

It was also in 1660 that Charles II was at last restored to the English throne, 11 years after his father's trial and death on the scaffold, when he returned to England from exile, determined never to go on his travels again. In the preceding 20 years a succession of English governments had sought to impose a wide variety of religious practices upon their recalcitrant subjects, always offending many and usually giving pleasure to remarkably few. Political disorder and religious dispute had been inextricably linked, leaving the great majority of the nation weary of the incessant wranglings and eager for peace and settlement. Locke's *Tracts* certainly echo the mood of this year, and they confront an issue which had been central to religious and political controversy in the turbulent decades which led up to it. The detail of their arguments is of little significance. But it is important to understand the main outline of the issue which they treated and to identify the difficulties which this issue presented to the young Locke.

The issue itself was eminently practical. In a society in which virtually everyone believed in the truth of the Christian religion but in which there were profound differences of opinion about how to practise it, who should decide which religious practices were to be permitted and which were to be prohibited? Should there, for example, be a single Christian Church, sponsored by the political authorities, to which every subject would be compelled to belong and within which he would be forced to worship in the forms which it prescribed? Or should religious worship, since it was properly the expression of sincere religious belief, be a matter purely for the conscience of each individual, a private transaction between him and his God, to be shaped as each believer felt appropriate? It is difficult for any Christian wholly to deny the force of either of these conceptions, and each receives some textual support from the New Testament. Locke himself at this time clearly felt the force of both, of authenticity as well as order and decency. But he had no difficulty in deciding the priority between the two.

If only religion in practice could safely be left to private choice, 'if men would suffer one another to go to heaven every one his own way, and not out of a fond conceit of themselves pretend to greater knowledge and care of one another's soul and eternal concernments than he himself', this might indeed 'promote a quiet in the world, and at last bring those glorious days that men have a great while sought after the wrong way' (G 161). But 20 years of religious wranglings had shown the peril of such tolerance. Almost 'all those tragical revolutions which have exercised Christendom these many years have turned upon this hinge, that there hath been no design so wicked which hath not worn the vizor of religion, nor rebellion which hath not been so kind to itself as to assume the specious name of reformation . . . none ever went about to ruin the *state* but with pretence to build the temple' (160). It was the confusion of 'ambition and revenge' with 'the cause of God' that had devastated England (161). To set the claims of authenticity above those of decency was to foment political disorder. And in 1660, like most of his fellow-countrymen, Locke was deeply afraid of political disorder.

It was not only on the national political stage, moreover, that the claims of decency and authenticity clashed. The immediate stimulus for Locke's English tract was a work by his fellow Student of Christ Church, Edmund Bagshaw, *The Great Question Concerning Things Indifferent in Religious Worship*, published in September of 1660. Bagshaw was a vehement exponent of the claims of authenticity at a time when the College's religious practices were being drastically restored to an Anglican orthodoxy of which he strongly disapproved. Surplices and the organ were reintroduced into Christ Church in November, while in January of the following year Bagshaw's supporters in the College stole as many of the surplices as they could get their hands on and deposited them in the College sewers. Both locally and nationally Locke espoused the claims of authority, stressing the gross untrustworthiness of the majority of mankind, at worst a real threat of anarchy and at best a formidable impediment to decency. The political views which he advanced were crude and evasive. What is interesting about them is their firm subordination of religious sentiment to the demands of politics. Whatever its origins, political authority, to be adequate to its tasks, must be total. God made the world and men in such a way that this is so; and, hence, it must be his will that political authority be unrestricted by anything but his express commands. 'Things indifferent' are all matters about which God has not naturally or by revelation made known his will. (The desirability or otherwise of wearing surplices, for example, was a matter about which few even amongst Anglicans supposed that God had made known his will.) No Christian political theorist could deny to an individual the right to believe his own beliefs. Religious ceremonies are in themselves not matters of belief but simply of practice. Good Christians should do what the magistrate tells them, and believe what they themselves believe. The problem, plainly, came when they happened to believe that they ought not at any price to do as the magistrate had commanded them. In the case of

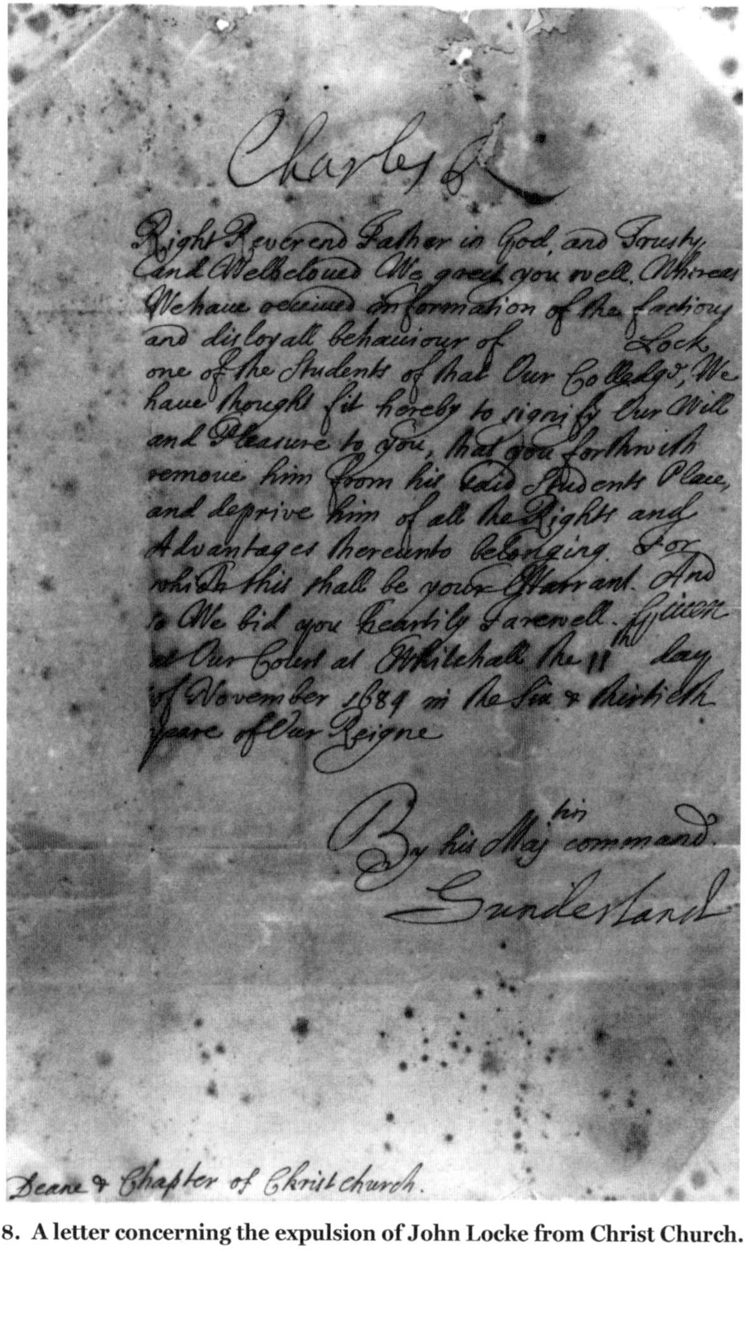

Charles R.

Right Reverend Father in God, and Trusty
and Welbeloved We greet you well. Whereas
We have received Information of the factious
and disloyall behaviour of Lock,
one of the Students of that Our Colledge; We
have thought fit hereby to signify Our Will
and Pleasure to you, that you forthwith
remove him from his said Students Place,
and deprive him of all the Rights and
Advantages thereunto belonging. For
which this shall be your Warrant. And
so We bid you heartily farewell. Given
at Our Court at Whitehall the 11th day
of November 1684 in the Six & thirtieth
yeare of Our Reigne

By his Majties command.
Sunderland

Deane & Chapter of Christchurch.

8. A letter concerning the expulsion of John Locke from Christ Church.

religious ceremonies it was a problem which came with some frequency. The conception of 'indifferent things' could not in principle settle it and Locke's tracts accordingly also failed to resolve it. It was also a problem which the Anglican Church at the Restoration singularly failed to solve in practice.

At this point Locke himself had dealt with the issue largely by ignoring it. Religious ceremonies simply were 'indifferent', a matter for human discretion. Anything that was simply a matter for human discretion could be decided authoritatively by the civil magistrate, because the purpose of having a magistrate at all was precisely to override the wilful partiality of each man's personal judgement. Peace required civil authority, and civil authority, in order to secure peace, could do anything whatever which God himself had not expressly prohibited. None of this, plainly, cast much light on what, specifically, the civil authority ought to do.

The *Essay on Toleration*

Seven years later, having escaped from the musty world of the Oxford don into the glamour and excitement of Shaftesbury's service, Locke considered these questions a second time from a very different angle and came to markedly different conclusions. These can be found in the *Essay on Toleration*, which, unlike the famous *Letter on Toleration*, was never published by Locke himself. The practical verdict which he reached in this *Essay* was very much that of Shaftesbury: toleration promotes civil order and harmony by 'making the terms of church communion as large as may be' (FB I 194). It is still the responsibility of the sovereign magistrate to regulate religious practice for the peace, safety, and security of his people. But although the magistrate remains firmly the judge of what will promote these ends, his judgement is no longer expected to be any more trustworthy in practice than that of any other believer. He

> ought still to have a great care that no such laws be made, no such restraints established, for any other reason but because the necessity

of the state and the welfare of the people called for them, and perhaps it will not be sufficient that he barely thinks such impositions and such rigour necessary or convenient unless he hath seriously and impartially considered and debated whether they be so or no; and his opinion (if he mistake) will no more justify him in the making of such laws than the conscience or opinion of the subject will excuse him if he disobey them, if consideration and inquiry could have better informed either of them. (FB I 180)

The range over which the magistrate has discretion remains as broad as the whole field of 'indifferent things'; but his exercise of this discretion is governed rigorously by the end which he exists to serve. If he acts, as best he can, to carry out the duties which follow from this end, he will not even 'be accountable in the other world for what he does directly in order to the preservation and peace of his people, according to the best of his knowledge' (I 185). But if he attempts to meddle with the religious convictions as such of his subjects (as the Anglican authorities were certainly attempting to interfere with those of the Dissenters), his actions will be as unjust as they are absurd. Each individual is responsible for his own salvation; and no one could have good reason to entrust his salvation to the necessarily incompetent discretion of another human being (I 176–7). In any case and more decisively, even if he wished to do so, it is quite simply the case that no one *can* do so. No

man can give another man power . . . over that over which he has no power himself. Now that a man cannot command his own understanding or positively determine today what opinion he will be of tomorrow, is evident from experience and the nature of the understanding, which cannot more apprehend things otherwise than they appear to it, than the eye see other colours in the rainbow than it doth, whether these colours be really there or no. (I 176)

The *Essay on Toleration* is an argument addressed to a sovereign on how he should employ his discretion. It carefully avoids the least hint that subjects have any right to a discretion of their own in the face of the sovereign's commands. The duty of subjects is to obey passively. But already, within the field of indifferent things, Locke has marked out a zone in which passive obedience is simply impossible. Still more decisively, he has made it clear that this zone crosses the borders of the field of indifferent things. Human belief cannot submit to the claims of authority; and it cannot be true for any human being that he has good reason to abandon his own beliefs about what God requires of him at the command of another human being. It is as holders of beliefs, and most decisively as holders of religious beliefs, that human beings are equal with one another: both 'the multitude that are as impatient of restraint as the sea . . . whom knowing men have always found and therefore called beasts' (G 158), and the rulers whom they so urgently need to restrain their fraud and violence towards one another (FB I 174). Each is fully responsible for his own beliefs and will have to answer for them to God at the Last Judgement. But, in the mean time, it is the business of the magistrate to attend rigorously to the necessity of preserving civil order, not to try to stand in, unavailingly and impertinently, for the Deity. It is no longer difficult to see how, in the very different circumstances of the Exclusion controversy and faced by a hostile and vindictive ruler, the duty of passive obedience would come to seem to Locke a vicious absurdity.

The *Two Treatises of Government*

We do not know when exactly Locke wrote the *Two Treatises of Government*. We do not even know for certain how much of it he wrote for the first time (or rewrote extensively) shortly before he published it in 1689. Indeed we do not really possess decisive proof that he wrote any of it in the course of the Exclusion controversy. But the most imaginative and scholarly writers to consider the question in recent decades have agreed on at least two points. First, Locke had written the great bulk of the text which he published in 1689 by the time that he left the country for Holland late in the summer of 1683. Secondly, he had written different passages in the book (as this stood in 1683) over a number of years previously, and the text accordingly reflects a number of the changing positions which Shaftesbury's party had adopted in the course of this dispute.

As we have it today, the *Two Treatises* is a work principally designed to assert a right of resistance to unjust authority, a right, in the last resort, of revolution. (There are, of course, on any reading many other major themes of the book: an account of what makes governments legitimate in the first place (the theory of consent) and of how subjects and rulers ought to interpret their relations with each other (the theory of trust); an account of how human beings can become entitled to own economic goods and of the extent and limits of their title to do so (the theory of property); an account of the similarities and differences between different types of human authority, and above all of the differences between authority in a family and authority in a State. All of these questions, too, are considered in the context of English politics at the time and of English constitutional doctrine.) It is clear enough that, even from the first, the *Two Treatises* attacked the pretensions of absolute monarchy and that it drew firm conclusions from this attack about the constitutional limits on the prerogative powers of the King of England. But it is certainly not clear that when Locke began to write it his intention was to defend a right of active disobedience on the part of the elected House of Commons, let alone the possession and use of such a right by individual aggrieved subjects with no formal position of authority in their society.

The *Two Treatises* is a long and complex work which contains a great many arguments. Most of these, naturally, were arguments which Locke had not previously advanced elsewhere. But only in the case of the right of resistance did he explicitly and decisively reverse a theoretical view which he had defended at length in earlier works. Both in the *Tracts* of 1660 and in the *Essay on Toleration* of 1667 the duty of a subject in the face of the unjust commands of his sovereign was clearly asserted to be to obey these commands passively: not of course in any sense to endorse their justice, but at

TWO

TREATISES

OF

Government:

In the Former,

The False Principles and Foundation

OF

Sir *Robert Filmer*,

And His FOLLOWERS,

ARE

Detected and Overthrown.

The Latter is an

ESSAY

CONCERNING

The True Original, Extent, and End

OF

Civil-Government.

LONDON: Printed for *Awnsham* and *John Churchill*, at the *Black Swan* in *Pater-Noster-Row*. 1698.

9. Asserting the Right of Resistance: Locke's *Two Treatises of Government*. Note the absence of an author's name, even eight years after its initial publication.

least to recognize the authority from which they issued and certainly not at any price to obstruct them forcibly, let alone to attack their author. As recently as 1676 he had argued once more that, although human political authorities are designated by human laws, the duty of political obedience is laid down by the law of God 'which forbids disturbance or dissolution of governments', and that every human being is obliged in good conscience to obey the government under which he or she lives (D 49 n.).

The impetus behind this change of mind plainly followed directly from Locke's own political involvement in the years of the book's composition. It was a fundamental shift in intellectual judgement as well as in political commitment; and Locke set himself to think through its implications with great thoroughness. He did not, of course, consider systematically the implications of all the views which he asserted in his book. In particular he chose not to discuss at all the question of how men can naturally know the law of nature, the binding law of God, on which, according to the argument of the book, all human rights rested and from which the great bulk of human duties more or less directly derived. The omission has attracted much intellectual criticism from later writers on political theory. It has also earned, both at the time of publication and more recently, some suspicion that the pious tone of its discussion of the law of nature might have been evasive or insincere. What is certain is that already in his 1664 lectures on the law of nature at Christ Church he had identified some of the main difficulties in the traditional Christian conception of natural law, and that he had, if anything, sharpened his understanding of these difficulties in the course of his preliminary work, recorded in the drafts of 1671, for the *Essay concerning Human Understanding*. By 1680, for example, he was certainly aware that the question of how men can *know* the content of the law of nature was deeply problematic. Yet in the *Two Treatises* he writes as though, however complete their freedom to choose whether or not to obey, *knowledge* of the law of nature was virtually compulsive for all men: 'so plain was it writ in the hearts of all mankind'.

On the whole these suspicions are beside the point. There is no doubt at all that Locke's attempt to explain how men can know the law of nature was in the end a failure even in his own eyes. But there is strong evidence that he persisted in this attempt for several years after the publication of the first edition of the *Essay* in 1689, and it is absurd to doubt that he did so because he continued to hope that the attempt might succeed. It is clear, too, that he did not, at this or any other period of his life, find at all attractive the uncompromisingly secular conception of natural law as a theory of purely human convenience adopted, for example, by Thomas Hobbes. A more attractive possibility, which he explored later in *The Reasonableness of Christianity*, would have been to rest human duties and rights directly on the revealed doctrines of Christianity. But even if he had supposed it possible, with the great French theologian Bossuet, to draw the principles of politics directly from the very words of the holy scriptures, it could scarcely have served Shaftesbury's political purposes in the struggle against Charles II to attempt anything of the kind. From the point of view of a modern unbeliever there is every reason to doubt the cogency of the political theory which Locke advances in the *Two Treatises*, because of its abject dependence on a view of man's place in nature as one in which each man is fully instructed by the Deity on how he ought to live. For most people today (including a great many devout Christians) such a view is barely intelligible. But there is no historical reason whatever to doubt that it was Locke's view.

For him, political rights follow from political duties and both derive from God's will. As he asked rhetorically in 1678: 'If he finds that God has made him and other men in a state wherein they cannot subsist without society, can he but conclude that he is obliged and that God requires him to follow those rules which conduce to the preserving of society?' (D 49 n.). The pivotal change in his political views, from a commitment to passive obedience to a vindication of the right of resistance to unjust political authority, was a change in his conception of how men could and should judge what is capable of preserving their society. Instead of leaving this judgement entirely to the ruler and retaining for the rest of the population merely the right to believe their own religious beliefs (a right which in any case he supposed that they had no power to abandon), Locke in the *Two Treatises* returned the right and duty of judging how to preserve society to every adult human being. It was in no sense an unprecedented conclusion. But for Locke himself it was certainly a very drastic change of mind.

How exactly should we see his reasons for this change? The most immediate pressure, clearly, was the directly political experience of the Exclusion controversy. There is no reason to believe that Locke would have written a work of political theory that at all resembled the *Two Treatises*, had it not been for Shaftesbury's role in this political struggle. Both the occasion of and the motive for its composition make the *Two Treatises* an Exclusion tract. But in a number of ways it was poorly designed as such – and not merely because of its original length, more than twice that of the published text, as the Preface to the Reader tells us. Even on constitutional questions which were of immediate importance at the time, Locke's arguments and Shaftesbury's tactics sometimes diverged widely. But quite apart from such details of practical political judgement, the character of the book as a whole makes it clear that Locke was thinking through the implications of his own change of mind, not simply writing up an extended brief for his factious master. It was Locke's own political experience at the time which altered the way in which he saw politics. Above all, it altered how he saw the relation between politics and the rest of human life. And it was the vigour with which he attempted to understand the implications of his own change of mind which made the *Two Treatises* a great work of political theory.

No doubt, more or less chance political experiences of just such a kind stand behind most of the great works of political theory. It is natural enough for the stimulus to think even very deeply about politics to be crudely political. But in the case of the *Two Treatises* the chance circumstances of its composition intrude further and more puzzlingly into the text of the work itself. The *First Treatise* is a lengthy criticism of the political writings of an earlier political writer, the Kentish squire Sir Robert Filmer, a royalist writer of the Civil-War period. Filmer was a thinker of some critical ability. As we have already seen, two other Exclusion tracts, by James Tyrrell and Algernon Sidney, had taken the form of attacks on Filmer's works. There was, therefore, nothing eccentric about Locke's choice of a target. Filmer stood out from other royalist ideologues, dead and living, by the uncompromising character of his theory of political authority, devout enough in tone and premisses to reassure any Anglican, but also sufficiently absolute in its claims to match the practical appeals of the distressingly less devout theory of Thomas Hobbes. It is not altogether clear whether the choice of Filmer as an enemy in the early 1680s was a tribute to his popularity amongst supporters of Charles II or whether it was more a reflection of his attractions as an intellectual target. But here too what mattered for the quality and content of the book which Locke wrote was not the original motive which led him to undertake it, but the intellectual effect of organizing his thinking to such a large degree, in the *Second Treatise* as well as in the *First*, around an attack on Filmer.

The most important direct consequence of this focus was on his treatment of property, an achievement of which he was clearly extremely proud (W IV 640). But perhaps even more important was the imaginative impact upon his book as a whole of confronting such a vivid rendering of the view of politics which Locke himself had come to reject so very recently. In the political context of the Exclusion controversy and the social context of late 17th-century England before and afterwards, it is clear that Locke's political views were not unusually radical. He neither expected, nor, as far as we know, would he even have desired, a realization in his day of the radical programmes for extending the right to vote put forward by the Levellers in the English Civil War or by the Chartist movement a century and a half after him. But the theory which he set out in the

Two Treatises was a very radical theory, a theory of political equality and responsibility, resting on the judgement of each individual adult; and, at intervals throughout the book, Locke himself expressed the theory as though he meant it to be taken literally. For the audience which he supposed himself to be addressing, there was little danger of his being so taken. (Most English adults at the time could scarcely have read and understood the *Two Treatises*.) Indeed it was for some time subsequently only his conservative critics who pretended to believe that he meant or deserved to be taken literally. But in due course the theory and even some of the slogans set out in the book were to reach a much wider audience in England and in America. When they did so, its radicalism became extremely hard to deny. The clarity and force with which that radicalism was set out in the *Two Treatises* was largely a product of Locke's own imaginative response to the challenge of Filmer.

That challenge was at its most intellectually effective in its criticism of political theories which sought to derive political authority and rights of ownership from the free choices of human beings. Despite its ideological resonance, it was distinctly less impressive as a theory of legitimate authority in its own right. The essence of Filmer's view was bizarrely simple; and even to some of his contemporaries it plainly appeared more than a little quaint. All authority amongst human beings, he believed, was essentially of the same kind, the authority of a father in his family and the authority of a monarch in his kingdom. All authority of one human being over another was given directly by God. Since no human being had a right over his own life and since all human rulers had a right to take the lives of their own subjects or of foreign enemies when these in their judgement had sufficiently damaged the public good, it must follow that rulers derived this right not from their subjects but from God himself. The Christian prohibition on suicide and the rights of a sovereign could be compatible with each other only on the assumption that the rights of the sovereign were given to him by the Deity. The Christian scriptures (or, to be more accurate, the Old Testament) record the precise occasion of this gift. God gave the whole earth to the first man, Adam, and all political authority and all rights of ownership are a historical and legal consequence of that gift. Adam's dominion was a fact of history which only the impious (or those unfortunate enough never to have encountered the Christian revelation) could have any occasion to deny. From the time of this first disposition of the world, Adam's dominion, a form of ownership of things as well as a form of rule over men, had become much subdivided by the course of human history. But every subdivision had been a direct expression of God's providence and must be recognized as representing his will. The political responsibilities of any man (and still more so, those of any woman) who did not happen to be a ruler were simply to do what he was told, to recognize the providence of God in the political authority to which he found himself subject, and to honour and obey this authority accordingly. Filmer's statement of this view was neither clear nor economical. It seems most unlikely that many who did not already feel obliged to obey their ruler were convinced by reading it that they were obliged in conscience to do so.

But if his own theory lacked cogency, Filmer did raise a number of embarrassing problems for anyone who believed that the practical sources of political authority were purely human. Perhaps equally importantly, the form which his theory took presented the claims of absolute political authority in a memorably disagreeable light. Locke, as we have seen, had no difficulty in regarding political obedience as a very simple and fundamental duty for most men (and almost all women) at most times, a consequence of that law of God 'which forbids disturbance or dissolution of governments'. In the circumstances of the Exclusion controversy, of course, he had strong motives for reconsidering the scope and comprehensiveness of the duty and for questioning his earlier presumptions about what made it truly a duty. Filmer's writings simplified the issue for him obligingly, offering a precise doctrine which he found it extremely easy to reject. For Filmer the rights of rulers are a personal gift from God. They are to be understood essentially as rights of ownership, over human beings as well as over land and material goods. Subjects belong to their ruler and owe obedience to him because God has, through the workings of his providence, given them to him. In reply Locke sought to distinguish sharply between the duties of subjects to obey and the rights of rulers to command. Most of the time in societies most men would have a duty to obey because civil peace and order are preconditions for the living of a decent human life. But rulers, by contrast, would have a right to command only where their exercise of power and the commands which they issued deserved obedience. If rulers themselves threatened civil peace and order, their subjects would have every right to judge the degree and immediacy of the threat and, if this seemed sufficiently serious, to resist it as best they could. Filmer, then, gave Locke just what he wished to deny: a clear practical equation of the all too human incumbents of political authority with the will of God himself. But he also set Locke several difficult intellectual problems. Two of these stood out with particular starkness: that of reconciling a purely human origin for political authority with the right to take human life and with the record of secular and sacred history; and that of explaining how human beings could come to have an individual property in any part of God's earth or its produce.

The problem of the right to property

The question of property was especially challenging. Filmer's own criticisms had been directed against the most influential 17th-century theory of property right, that advanced by the great Dutch natural-law writer Hugo Grotius. Filmer saw Grotius as proclaiming two inconsistent ideas, the view that non-human nature belonged to all human beings in common and the view that individual men or women could come by agreement privately to own parts of it. What made the two ideas plainly inconsistent, in his eyes, was the discontinuity which they implied in God's laws for men in the two contrasting situations, in one of which he had apparently 'ordained community' and in the other of which he had prescribed private ownership. For anyone with a more sophisticated sense of the historical development of human society this objection was unimpressive. But on the basis of it Filmer advanced two further lines of criticism which were less easy to shrug off. First, he probed at some length the historical plausibility of the sequence envisaged by Grotius in which the human species as a whole (or some portion of it in a particular locality) must have come together and agreed unanimously to divide up ownership over all that they collectively possessed. If property is a matter of right and if all men originally owned everything together, then no man could lose his right to everything (or anything) without consciously choosing to abandon it. Secondly, he questioned whether even the unanimous consent of all living human beings at a particular time could bind any subsequent human beings who had not themselves been a party to the agreement, or whether, indeed, even such unanimous consent would necessarily bind any of the original contractors who subsequently changed his mind about its merits. For Filmer, property could only be practically secure and legally valid, if, like political authority itself, it were the direct expression of the will of God. Once it was seen as resting on human decision and commitment, any right was open to indefinite revision. On this point at least, Locke was largely in agreement with him. It was the question of how existing rights to property could be guaranteed under a government chosen by the people as a whole on which the Leveller campaign in the Civil War had foundered. As Henry Ireton brutally demanded of the Leveller leaders at Putney in October 1647: 'I would very fain know what you gentlemen, or any other, do account the right you have to anything in England.' If political authority did not derive directly from God but instead rested on human choice, the idea of a right to property might seem alarmingly flimsy.

Locke's response to this threat is extremely subtle. He takes it as a truth both of human reason and of revelation that the earth, like its human inhabitants (T II 6), belongs to its Creator and that God has given it to these human inhabitants in common (II 25) and given it to them to enjoy (II 31). He dismisses the idea that there could be any right of private property at all on Filmer's presumption that

God had given the whole earth to 'Adam and his Heirs in Succession, exclusive of the rest of his Posterity' (II 25). But he sets himself to answer fully the main critical thrust of Filmer's attack on Grotius, the question of how men can come to have a private *right* to any part of this common heritage. It is his answer to this question which is famous and which has given his theory of property its immense and bewilderingly varied historical influence. Labour is what distinguishes what is privately owned from what is held in common; the labour of a man's body and the work of his hands. Labour is the unquestionable property of the labourer; and by mixing his labour with material objects – hunting (II 30), gathering (II 28), but also cultivating the ground (II 32–4) – a man acquires the right to what he has worked on and to what he has made of this material. The 'Condition of Humane Life, which requires Labour and Materials to work on, necessarily introduces private *Possessions*' (II 35). God gave the world to men 'for their benefit, and the greatest Conveniencies of Life they were capable to draw from it'. But he gave it to them to use well by their exertions – 'to the use of the Industrious and Rational' and 'not to the Fancy or Covetousness of the Quarrelsome and Contentious' (II 34). The industrious and rational are *obliged* to make good use of it. It is not simply theirs, to do with precisely as they fancy. They are its stewards and must display their stewardship in their industry as well as in their rationality. They may appropriate and consume nature. (That is literally what nature is for.) But they have no right whatever to waste any of it. 'Nothing was made by God for Man to spoil or destroy' (II 31). In exercising their stewardship the industrious change the world which God originally gave to mankind, in a number of drastic ways. Labour is a creative activity. It '*puts the difference of value* on every thing' (II 40) and '*makes far the greatest part of the value* of things, we enjoy in this World' (II 42–3). Where labour has not been exerted effectively, as in an area like America, rich in land and furnished as liberally by nature 'with the materials of Plenty', the country will not have a hundredth part of the 'Conveniencies' enjoyed in 17th-century England. 'And a King of a large and fruitful Territory there feeds, lodges, and is clad worse than a day labourer in *England*' (II 41). Labour is a natural power of man and its exercise is commanded by God and encouraged by a rational understanding of man's place in nature. Its effects are almost wholly beneficial. It is as old as the Fall of Man. In 'the beginning all the World was America' (II 49); but by the 17th century much of it had been vastly improved by human labour. If labour is indeed the origin of property, then – at least at its origin, if not necessarily after the operation of inheritance – entitlement and merit are fused together; and the consequences for mankind as a whole can leave little ground for anxiety. At least initially, those who possess more will be those who deserve to do so and they will have nothing to apologize for to those who deserve and possess less.

But most of the world is America no longer – not simply because human labour has vastly increased its productivity, but also because human beings have discovered how to make possible a very different scale of economic inequality from that which the order of nature itself makes directly possible. Labour first begins '*a title of Property* in the common things of Nature' (II 51), a title bounded by use. In doing so it resolves the problem which Filmer set to Grotius. At this initial stage of human history property right was a simple and uncontentious matter. There 'could then be no reason of quarrelling about Title, nor any doubt about the largeness of Possession it gave. Right and conveniency went together; for as a Man had a Right to all he could imploy his Labour upon, so he had no temptation to labour for more than he could make use of' (II 51). The device which has made it possible for men to escape from this condition is the invention of money, a permanent store of value which 'being little useful to the Life of Man in proportion to Food, Rayment, and Carriage, has its value only from the consent of Men' (II 50). The invention of money greatly amplifies the inequality of possessions made possible by the 'different degrees of Industry' which men display (II 48). It makes it possible, in Locke's judgement, for a man *fairly* to 'possess more than he can use the product of', since he can hoard up, without injury to anyone, the value of the surplus which his property produces, in the form of gold and silver. Monetary exchange does not depend upon political authority; and economic inequality, which is a consequence of monetary exchange, does not depend for its legitimacy upon the civil law of a particular society (II 50).

Here Locke is pressing a very delicate case. In any political society, as he fully admits, property rights are regulated by the law (II 50). But it was essential for his purposes that such regulation could not justly be arbitrary, that it should instead be guided by the purposes for which governments properly exist and by the ends which give human beings rights over the material world at all. Property rights founded directly upon labour, in his eyes, neither required regulation by governments nor permitted much just modification by governments. But labour had done mankind nothing but good. The role of money was altogether more ambiguous. Money had introduced in full measure reasons for quarrelling about title, and doubts about largeness of possession. It was money which meant that right and conveniency no longer went together. The entire social and economic order of 17th-century England rested upon a human institution about whose moral status Locke felt deeply ambivalent. At this point in his theory, and without anachronism, we can see the moral fragility of commercial capitalism come briefly but sharply into focus. But we can see it so clearly, not because of our own superior insight or the advantages of hindsight, but because Locke himself felt so little inclination to deny it. What Locke's theory of property was for was not to put a good face on the social and economic order of the England of his day.

But what sort of right of property did he in fact wish to defend? It is easier to be certain – and may perhaps have been clearer to Locke himself – what sort of property he wished to deny. 'Property' in his vocabulary was the main term for expressing human entitlements. If there were no human entitlements there could be no injustice. To do injustice to a person is to take away from him something to which he has a right: for example, his life, his liberty or his material possessions. To protect human entitlements is the purpose of government. Government, then, exists to secure to all human beings their lives, their liberties and their material possessions. Every human being is certainly entitled to his own life and his own liberty, unless he forfeits these by violent assaults upon the lives and liberties of others. Entitlement to material possessions, however, was a more delicate matter. Material possessions which were a direct product of a man's labour were truly his; and there is no evidence that Locke felt the least qualm at the prospect of their being given to others in their owner's lifetime or passing to his heirs after his death (I 42). But where the scale of economic inequality depended solely upon a human convention, doubts about largeness of possession were harder to avoid. We do not really know with any precision what Locke did think about this question. But there are several points about which we can be confident.

The first is that the main stimulus which led him in chapter V of the *Second Treatise* to discuss property in our sense, entitlement to material possessions, was the wish to deny a right on the part of a reigning monarch to do as he chose with the material possessions of his subjects, without their express consent. The claim to exercise such a right, for the public good, by King Charles I had been one of the main precipitants of the English Civil War; and the possibility of its revival by his son was an important political threat to the Whigs in the Exclusion controversy. It was, furthermore, a right which Filmer had trenchantly defended. The initial appeal for Locke of founding entitlement to property upon labour was the directness with which it met this challenge. It was God, not human convention, that had given men a title to the fruits of their labour. Indeed it was only human convention that gave a monarch such authority as he held over his subjects. Instead of possessing a royal dominion over subjects and territory inherited directly from God's gift of the world to Adam, Locke's ruler had in the first instance simply the duty to use such power as was available to him to protect the rights which God himself had given directly to his subjects.

Locke was, of course, well aware, as his phrasing makes plain, that an immediate and transparent moral authority of possessions founded on physical effort did not (and could not be expected to) extend to the range of economic inequality produced by the operation of monetary exchange through a lengthy period of time. But what he needed, to refute royal claims to dispose of their subjects' possessions as they thought best, was not a theory of why every subject was fully and unequivocally entitled to everything which he legally owned, but simply an explanation of why private property could be (and often was) a right against even a legitimate political authority. Even on Locke's own account, to take away the fruits of a man's labour is a very different degree of injustice from taking away the profits of speculation, or taxing an aristocratic rent-roll which had reached its present owner by past brigandage or royal favouritism to a distant ancestor. But from Locke's own political point of view, of course, the latter possibilities were distinctly more urgent threats at the time; and there is no reason to believe that he would have *felt* any less disapproval in their case than in the former.

What is harder to assess is how exactly the theory of property which he had constructed appeared to him in retrospect, and particularly in the last few years of his life. We know, as already mentioned, that he felt some pride in it. But we do not know just which aspects of the theory gave him such satisfaction. The boldest answer to this question, advanced most strikingly by C. B. Macpherson, is that Locke intended his theory as an explanation of the moral legitimacy of capitalist production. There is little case for taking this seriously as an assessment of Locke's intentions in building his theory. But it is a more interesting question how far this suggestion may capture, if in mildly anachronistic terms, Locke's sense of his own achievement in having constructed his theory. In its strongest form the suggestion remains wholly unconvincing. Locke, like Thomas Aquinas, believed that all men had a right to physical subsistence which overrode the property rights of other humans. He believed that, even if the just price is the market price (V), to insist on selling only at the market price to a man in mortal need and to cause his death by doing so was to be guilty of murder. He believed that those who had worked hard all their lives had a right in their old age not merely to subsistence but to a decent standard of living. All of these were rights which rested directly upon God's gift of the world to men in common; and the idea that subsequent human conventions (like monetary exchange) might be entitled to entrench on them is fundamentally at odds with Locke's conception of property. He does, it is true, recognize that the paid labour of a servant can be owned by his master. But this comparatively casual acknowledgement of what was, after all, a fairly central feature of English economic relations in his day can hardly establish an enthusiasm for the central role of wage labour in capitalist production. In particular Locke denies explicitly that a man who has been deprived of the means of production (given by God to all men) can be forced into subjection through control over these means (T I 41–2).

> *Charity* gives every Man a Title to so much out of another's Plenty, as will keep him from Extream want, where he has no means to subsist otherwise; and a Man can no more justly make use of another's necessity, to force him to become his Vassal, by withholding that Relief, God requires him to afford to the wants of his Brother, than he that has more strength can seize upon a weaker, master him to his Obedience, and with a Dagger at his Throat offer him Death or Slavery. (I 42)

On the whole there is good reason to believe that Locke felt his account of property to be a major advance on the leading theorists of property rights, Grotius and Pufendorf, in explaining the system of rights on which a commercial society rested. But there is no reason to believe that he viewed this system of rights with undiscriminating enthusiasm. The productivity of human labour had transformed the world for man's enjoyment, as God had intended it to do. Monetary exchange, a purely human device, had in many ways assisted this transformation; but it had also clouded the moral transparency of human ownership beyond recall. Where entitlements that flow directly from labour clash with entitlements that rest solely on complex monetary exchanges, Locke himself would be ill placed to endorse the latter. The tangled history of the labour theory of value ever since, in the justification and rejection of capitalist production, was already foreshadowed in the ambiguities of the theory which he fashioned.

10. John Locke, 1676, by John Greenhill.

The nature of political authority

The second major challenge which Filmer's writings posed for Locke was in some ways easier to meet, and it certainly elicited from him a less original response. But since the question directly at issue in this case was the right of resistance to unjust political authority, Locke addressed it at much greater length and with far more rhetorical energy than he devoted to the topic of property rights. Filmer, as we have seen, believed that all subjects owed obedience to their ruler because God had quite literally given them, along with the territories in which they lived, to this ruler. The relation in which their ruler stood towards them was that of an owner. Locke himself in earlier years had taken a very favourable view of the claims of political authority. But there is no reason to believe that he would ever have found the uncompromising Filmerian doctrine at all attractive. He accepted the force of Filmer's emphasis on the centrality of the Christian prohibition on suicide in political theory. But he used it to attack Filmer's ideas at their core. Since men belong in the last instance not to themselves but to the God who made them, any human right to take away the life of any man (oneself included) must rest directly on God's purposes for men in general. The idea of one man owning another, let alone millions of others, by inheritance has no plausible link whatever with God's purposes for men. Filmer's arguments made all political subjects into slaves. Slavery was a condition into which extreme wickedness could justly cause a man to fall. But it was the opposite of a truly human life and it could not under any circumstances justly follow from the wicked actions of another person. (This proviso should have been extremely embarrassing for Locke himself in his capacity as stockholder of the slave-trading Royal Africa Company, since it clearly implied that the status of a slave could not legitimately be inherited from one generation to another. All legitimate servitude was intrinsically penal and the crimes of the father or mother could not descend to their children.) For Locke slavery was the precise opposite of legitimate political authority. What made political authority legitimate, what gave legitimate rulers the right to command, were the practical services which they could and did provide for their subjects. So far from being the owner of those whom they ruled, a legitimate monarch was essentially their servant.

For Filmer (as indeed for the young Locke) men were too stubborn, selfish, and quarrelsome to be left unaided to work out their own practical salvation. God's providence watched over them and it did so above all by subjecting them permanently to a grid of effective authority. Throughout his intellectual life Locke accepted this assessment of what men are like and of how they can be expected to behave. But with the *Two Treatises* he extended it confidently to rulers as much as to subjects, and drew from it implications very different from those which had occurred to Filmer. In his first writings there was a wide gulf between the godlike ruler and the multitude 'whom knowing men have always found and therefore called beasts' (G 158). But in the *Two Treatises* this gulf has disappeared and the ruler is seen as being just as likely as his subjects to enter upon 'force, the way of Beasts' (T II 181).

The opposite of force is reason. It is reason that distinguishes man from beast, and the way of reason is the way that God wills men to follow. It is through the exercise of their reason that men can and should know what God wills them to do; and it is their reason that enables them to judge what it would be best to do where God's will does not enter directly into the matter. All human adults who are not simply deranged have reason. All men are born free and rational, though these are potentialities which they must, through time, learn to exercise, not powers which they fully possess at their birth. As rational creatures of God, living within a world created by God, all men are equal with one another, equal in their fundamental entitlements, and equal too in the duties which they owe.

In this equality of right and duty, and independently of the actual histories of all times and places, human beings confront each other in what Locke calls the state of nature. This is probably the most misunderstood of all his ideas. Principally it has been misunderstood because of the role of a partially similar idea in the writings of Thomas Hobbes. Hobbes describes the natural condition of mankind as a state of violent conflict produced by passion and animosity from which man's reason alone has the power to rescue him. Fear of mortal danger is the only motive strong enough to overcome man's deeply antisocial qualities. Locke takes a less excitable view of the practical peril which men present to each other and recognizes social as well as antisocial features in human nature. But on the whole he does not differ widely from Hobbes (or indeed from Filmer) in his judgement of what men are like and how they can be expected to behave. But whereas in Hobbes the state of nature can in part be understood as a picture of how men would behave if they were not subjected to political authority, in Locke the phrase simply does not refer to human dispositions and attitudes at all. What the state of nature is for him is the condition in which God himself places all men in the world, prior to the lives which they live and the societies which are fashioned by the living of these lives. What it is designed to show is not what men are like but rather what rights and duties they have as the creatures of God.

Their most fundamental right and duty is to judge how the God who has created them requires them to live in the world which he has also created. His requirement for all men in the state of nature is that they live according to the law of nature. Through the exercise of his reason every man has the ability to grasp the content of this law. But although Locke was deeply convinced that human beings have the duty to understand this law and both the duty and the capacity to observe its requirements, he was by the early 1680s far from confident of how exactly they held and ought to exercise the capacity to understand it. As we shall see, the question of how men could distinguish the dictates of the law of nature from the prejudices prevailing in their own society preoccupied him throughout his intellectual life. In the *Two Treatises*, however, the question of how men could know the content of the law of nature was one which he could safely ignore. What mattered, simply, was their duty and capacity to observe it and their capacity, as free agents, to choose to break it. None of those against whom Locke was intending to argue at the time would have dissented from this judgement; and to have attempted to establish it in the course of his argument would have been as uneconomical and as intellectually taxing as, for example, attempting to prove the existence of a divine Creator in the same work.

In the state of nature the duties of each man under the law of nature are matched by the rights which he possesses under this law. The most important of these rights is the right to hold other men responsible for their breaches of this law and to punish them accordingly: the executive power of the law of nature which alone makes this law operative amongst human beings on earth. No man has a right to kill himself, because all men belong to God (a clear limit to the sense in which men have a property in their own bodies). But any man has a right to inflict penalties, up to and including the death penalty, on any other man who has violated nature's law drastically enough, and in particular on any other man who has without justification threatened the life of any human being. To spoil and waste any of God's gifts was an offence against nature's law. But to spoil or waste any human being was a crime of especial horror. The state of nature was a condition of equality and one in which, even in the civilized world of Locke's day, it was still on occasion possible for human beings to encounter one another. Wherever men met outside the framework of a common legitimate political authority, they too met, in this sense, as equals: a Swiss and an Indian in the woods of America, or a King of England and a King of France settling the fates of their countries on a field of cloth of gold. For Filmer, as indeed for many 18th-century critics of theories of natural rights, the state of nature was a fraudulent allegation about the human past, an apocryphal amendment to the scriptural record or a piece of wholly fictitious profane history. But for Locke, of course, it was not a piece of history at all, being as much present in the world of his day as a thousand years earlier and shadowing every human political community throughout any possible future. What it showed men was not how the past once was, but merely what human political authority could amount to.

What such authority could amount to was simple enough: the joining together of the powers of individual human beings to enforce the law of nature and the consequent abandonment of these powers for most purposes by ordinary members of political society. The advantages of this fusion were the greater chance of impartiality in judging and implementing rules of common life, and the improved prospects for peace which such impartiality offers. The hazard of this fusion, a hazard at the forefront of Locke's mind as he wrote, was the huge increase in coercive power that it gave to a political sovereign and the ever present danger that this power too would be abused. Human partiality is central to the human condition. Greater power makes partiality more dangerous; and where greater power is corrupted by flattery and obsequiousness the dangers of partiality in practice become overwhelming. Locke recognized the practical value of great power for human purposes; but he feared it deeply and he thought, as we have every reason still to do, that it can only be trusted when those who hold it see themselves as responsible to (and can be held responsible to) those over whom they exercise it.

Many States of his day, as Locke well knew, were formed by violent conquest. Their political authority, therefore, in no sense rested on the joining together of the powers of their subjects to execute the law of nature. For Locke such States possessed no legitimate political authority. They were structures of force, not of right: not civil societies at all. The relation of a conqueror to the conquered, even after centuries, was a relation not of political authority but of concealed war (T II 192).

In civil societies political authority rests in the last instance on agreement, on consent. Absolute monarchy, by contrast, was inconsistent with civil society (II 90). On any given occasion in an absolute monarchy most of its inhabitants may well have a duty to obey the holder of political power, if what he commands is at the time beneficial or if disobeying him will cause pain and danger to others; but the holder of political power has no right to command his subjects. Only the agreement of adult human beings can give another human being political authority over them. This is a drastic claim; and it raised two principal difficulties for Locke. The first, important in relation to Filmer, was the need to show that such agreements had ever in fact taken place, and, more particularly, that they had done so in England. The second, more striking in the light of modern anarchist criticism of the concept of political authority itself, was to show how every adult member of a legitimate political society could reasonably be supposed to have consented to its political sovereign. In neither case was Locke's answer impressive. The historical challenge to provide instances of such agreement and to indicate when in English history these had occurred, he met simply by evasion. Since all parties to the Exclusion dispute agreed that England was a legitimate State and all paid at least lip-service to the role of English representative institutions in giving their consent to legislation, this was not a costly tactic. The second challenge, to show how each adult in a legitimate State could and did incur clear political duties towards that State, he met more elaborately by distinguishing two kinds of consent: express (overt) and tacit. Express consent made a man a full member of his society for life, with all the rights and duties which followed from such membership. Tacit consent, less intimidatingly, made a man subject to the laws of the country as long as he remained within it, but did not give him either membership of the society or the rights (above all, rights of political choice) which followed from such membership. Express consent explained why members of a legitimate polity had the appropriate range of rights and duties. But it did so by blandly ignoring the fact that virtually no Englishman at the time had voluntarily assumed any such responsibilities at adulthood. Tacit consent reassuringly guaranteed that everyone in England had a duty to obey the law. But it cast very little light on just who amongst his adult male contemporaries Locke considered to be a full member of his society.

In the time of the Exclusion controversy, however, the scope of membership in the political community was not actively at issue, as it had been in the Putney debates within the Parliamentary armies between the Leveller leaders and their generals Cromwell and Henry Ireton in the winter of 1647. Locke's treatment of consent is designed to handle a less ambitious range of questions. Principally it is intended to explain why there can be a fundamental distinction between legitimate and illegitimate political societies, a possibility denied both by Filmer and by Hobbes. Legitimate political societies are societies in which the government has a right to be obeyed. The duties which men owe one another under the law of nature, even in the state of nature, explain quite sufficiently why in a settled political society most men most of the time have a duty to obey their rulers. Locke's theory of consent is not a theory of the political obligations of subjects, of how subjects can have political duties. More particularly it is not a more or less forlorn attempt to prove to the socially disaffected the solid stake which they possess in the preservation of social order. Rather, it is an attempt to explain how rulers (the rulers of civil societies, though not of absolute monarchies) can have rights to political authority.

Locke certainly wrote to proclaim a right of revolution; but he was not in any sense an enemy of political authority. Within its due constitutional limits political authority was an immense human good. Even beyond the legalistic definition of these limits, the royal prerogative could and should be exercised for the public good, despite the letter of the law. If exerted with responsibility and good will, political authority could expect in practice to receive the trust that it deserved. If a narrow constitutionalism is above all an attempt to secure a government of laws, not men, Locke in the last resort set human good intentions above constitutional rigour. In the end all human governments were governments of men (D 122 n. 2). Much of the *Second Treatise* is taken up with constitutional issues, particularly with the connections between private property, popular consent, representative institutions, and the power to make law. It was the vigour of its insistence on the illegitimacy of taxation without representation that nearly a century later so endeared it to the American colonists. But in its central commitments the *Two Treatises*, however skilful its handling of constitutional issues, was not a constitutionalist tract. Instead it proclaimed two intractable rights: the right of a ruler within a legitimate political society to use political power against the law for the public good; and the right of all men to resist the ruler even of a legitimate political society where he grossly abuses his power.

The centrality of trust

At the centre of Locke's conception of government – and catching the ambivalence of this vision – was the idea of trust. Government was a relation between men, between creatures all of whom were capable of deserving trust and any of whom could and sometimes would betray it. Trust was one of the oldest terms in Locke's thinking. The indispensability and the peril of trust were fundamental to human existence. Men, as he wrote in 1659, 'live upon trust'. A few years later, in his lectures, his sharpest criticism of the view that individual interest could be the foundation of the law of nature was that this would not only make such a law self-contradictory, but also make impossible society itself and the trust that was the bond (*vinculum*) of society (LN 213–14). The plainest embodiments of this human need were the actions of swearing and promising. Promises and oaths bound God himself (T I 6). Language might be 'the great Instrument, and common Tye of Society' (E 402): but what enabled it to tie men together in practice was its capacity to express their commitments to one another, the solemn promises, oaths, and undertakings on which their trust in one another necessarily rested and which constituted the bonds (*vincula*) of their common life (LT 134). The menace of atheism (134) was that it removed all force from these undertakings, reducing the law of nature to the contradictory interests of individuals and dissolving the grounds for human trust. Bereft of a concerned Creator and left on their own, men could have no good reason to trust one another and hence no capacity to live in society together. If it were not for human degeneracy (the Fall of Man), men would still belong to a single community (T II 128). To lose sight of their dependence on their Creator would be the final degeneration, disintegrating the many 'smaller and divided associations' of Locke's day into the lonely and distrustful individuals of whom they were composed. In so far as human beings can deserve each other's trust, they help to hold together the community which God intended for them. In so far as they betray each other's trust, they help to promote its disintegration. Holders of political authority, of course, possess this power to sustain or thwart God's purposes in a far more drastic form. Because men are so aware of their need to trust one another and because they sense the aid which this concentrated power to execute the law of nature can offer to their lives, they will on the whole trust their rulers far beyond the latters' deserts. And because peace is so essential to 'the Safety, Ease and Plenty' (II 101) of their lives, it is on balance desirable that they should do so.

Locke does not, like a modern anarchist, distrust political power itself, though he is keenly aware of the dangers which it presents. What he distrusts, rather, is human beings left to their own devices, human beings who no longer grasp their dependence on their divine Creator. For human beings who are still aware of this dependence, the attempt to trust in one another, in rulers as much as in fellow subjects, is a duty under the law of nature. But it is a duty to seek peace, not a duty to deny the lessons of experience. The duty to trust is not a duty to be credulous, perhaps not even a right to be credulous. Even an absolute monarch, in a state of nature with his subjects, is not beyond the reach of human trust. Civil sovereigns are entitled to an ampler trust; and if they deserve it they may be confident of receiving it. But any man, even the sovereign of the most civil of societies, can betray trust. That is just what human life is like. We must try to trust one another, personally as well as politically; but we must all judge, too, when and how far our trust has been betrayed.

Trust may seem a feeble and clumsy concept to put at the centre of an understanding of politics. The connections between Locke's religious views and his sense of the scope of human trustworthiness will not (and should not) endear his estimate of the latter to many today. But, as it worked in his own imagination, the vision of politics and of human life more generally as resting ultimately upon trust was not a superficial view. Its imprecision was a necessary imprecision; and the impossibility of escaping from this imprecision was its central point. Politics is still like this.

The reverse of trust deserved was trust betrayed; and the remedy for the betrayal of trust was the right of revolution. An impartial authority to appeal to on earth was the major benefit that a legitimate political society offered its members. Where it existed, it excluded the state of war between men and removed the need to appeal directly to God's judgement which was intrinsic to this state (T II 21). But impartiality was a human achievement, not a fact of constitutional law. Rulers are real men and women. They hold their authority under law; and entitlement to the obedience of their subjects derives from the impartial administration of this law. Where they act against or outside this law to the harm of their subjects, they become tyrants. Wherever law ends, tyranny begins (II 202). For a ruler in authority to use force against the interests of his subjects and outside the law is to destroy his own authority. He puts himself into a state of war with his injured subjects, and each of these has the same right to resist him as they would have to resist any other unjust aggressor (II 202, 232).

In the England of Locke's day this was a very extreme doctrine; and he went to some pains to play down its practical implications. No ruler who truly means the good of his people will fail to make them feel this (II 209), and no such ruler need fear resistance from his people. Stray acts of tyranny will pass unchallenged, since their victims cannot in practice expect the support of their fellow subjects and cannot hope to challenge the tyrant on their own (II 208, 223, 225). Only a clear threat, actual or potential, to the estates, liberties, and lives (and perhaps also the religion) of the majority (II 209), 'a long train of Actings' (II 220), will bring resistance. But if resistance does come, there is no ambiguity as to who is responsible for its occurrence. To disturb government is a breach of the law of nature; and to rebel without just cause against a legitimate government is to initiate a state of war. (To initiate a state of war is always an unjust act. The only just wars are wars of self-defence.) But when the oppressed people resist tyranny it is not they who disturb government or bring back the state of war. Rebellion is an 'Opposition, not to Persons, but Authority' (II 226). A tyrant has no authority. It is tyrants who are the true rebels. Like any other man who has used the force of war to enforce his ends unjustly upon another, a tyrant has revolted from his own kind 'to that of Beasts by making Force which is theirs, to be his rule of right'. In doing so he has rendered himself 'liable to be destroied by the injur'd person and the rest of mankind, that will joyn with him in the execution of Justice, as any other wild beast, or noxious brute with whom Mankind can have neither Society nor Security' (II 172).

The right to destroy noxious brutes is a right of every human being. But in a legitimate political society even the worst of tyrants cannot be seen simply as vermin. Besides the right to avenge individual injuries, there is also the duty to preserve civil society. Revolution for Locke is not an act of revenge; it is an act of restoration, of the re-creation of a violated political order. In the course of the Exclusion controversy and again in the reign of James II, the King, in Locke's eyes, had become a tyrant and had abused the licence given by his prerogative powers (II 242). Within the English constitution, because the King held part of the power of lawmaking, there was no superior to whom he was obliged to answer. But behind the formalities of the constitution there lay the reality of English society, the 'Body of the People' (II 242, 243). Where a controversy arose between the ruler and a section of his subjects and where the ruler refused to accept the verdict of the representative institutions which expressed the will of his subjects, the proper umpire must be the Body of the People who had first placed their trust in him. The Body of the People can and must judge in their own conscience whether or not they have just cause to appeal to Heaven, to resist their ruler by force (II 163, 243, 21). They have the right and duty to do so because they alone can fuse the right of individual revenge and the responsibility for re-creating political order, the right to destroy those who have betrayed their trust and the duty to restore the trust without which no truly human life is practically possible.

The *Two Treatises* are addressed to the political needs of England, a country in which, through lengthy historical experience, the inhabitants have shown that they form a single body and possess the political capacity to act as such. In England there is an ancient constitution to restore (II Preface). We have no means of knowing how far Locke regarded the inhabitants of countries with less fortunate historical experiences as enjoying the same practical political capacity. Certainly their inhabitants, too, possessed the right individually and collectively to resist unjust force and to avenge the harm which it had inflicted upon them. But where there has never been a legitimate political order to restore, the prospects for uniting revenge and reconstruction are less inviting. Despite its economic, social, and political complexity, an absolute monarchy (and we should remember that Locke had lived for years in France before the time when he was writing) was not a civil society at all. When, in the next century, David Hume set himself to criticize Locke's political theory, no element of it more offended him than this complacent and parochial contrast between England and the absolute monarchies of the Continent. Hume was in some ways an unsympathetic and inaccurate critic of Locke's arguments; and by the end of the 18th century the trajectory of the French Revolution had made it evident that, even on this question, there was more substance to Locke's conceptions than Hume had allowed. But he did see very clearly how closely Locke's view of politics in the *Two*

Treatises depended upon a particular political experience and the culture which this experience had fostered, a community in which a wide range of ordinary citizens held and expected to exercise the right to act politically for themselves. The core of Locke's own understanding of the right to revolution was the right and capacity of such a community to act to preserve itself as a community. He never supposed that a just revenge by itself would suffice to create from nothing a new civil society.

The *Letter on Toleration*

The last major work of political theory which he wrote in the mid-1680s in Holland was less narrowly directed. The *Letter on Toleration* is a simpler as well as a more universal work than the *Two Treatises*. Its arguments do, it is true, depend upon accepting the truth of the Christian religion (or at least of some monotheistic religion in which authentic belief is a precondition for valid religious worship and religious worship is the central duty for man). But within European Christendom the arguments hold, if they hold at all, for every denomination or country. Because the key duty of every man's life is to seek his own salvation (LT 124, 128), and because religious belief and practice are the means by which he must do so, the power of human political authority cannot rightfully extend over either of them. It is the responsibility of political authority to protect civil goods, more particularly the fruits of men's industry and the liberty and bodily strength that are their means of acquiring these (124, 146). The magistrate can have no authority in the care of men's souls. If he judges his actions to be for the public good and his subjects judge the contrary, there can be no judge on earth between them (128) and the verdict must in practice be left to God. Where violent persecution on religious grounds menaces men's properties and lives, the persecuted have every right to repel force with force (146); and they can and will exercise this right. Two main groups are excluded from a right of religious toleration: those whose religious beliefs are directly opposed to the legitimate authority of the magistrate, and those who do not believe in God.

The right to save one's own soul is not a right to attempt to impose a personal political judgement against the civil power. There is no right, as Locke had already insisted in his *Essay* of 1667, to disbelieve in the existence of God, since belief in a God is 'the foundation of all morality' and a man who lacks it is a noxious beast incapable of all society. The use of force against speculative opinions or religious beliefs is unnecessary, since the truth can look after itself and seldom receives much aid from the mighty (122). It is also

11. A hero even to his valet? Locke in Dutch exile in 1685, drawn by his amanuensis and former valet, Sylvanus Brownover.

ineffective since no man can directly choose what he believes or feels. But atheism is not simply a speculative opinion. It is also a ground for limitlessly amoral action. Because the right to toleration depends upon the right and duty of each man to seek his own salvation, it is not a right which any atheist can consistently claim.

The conviction that the truth can look after itself was certainly optimistic. But it was not the foundation of Locke's commitment to toleration. The existence of a God, startlingly, was not a truth that could be left to look after itself. The denial of toleration to atheists, accordingly, however affronting it may be to us today, was fully consistent with Locke's argument. To take away God, even in thought alone, dissolves everything (134). Locke had written the *Letter* late in the winter of 1685, following protracted discussions with his friend Limborch and in the face of Louis XIV's mounting persecution of the Huguenots. He wrote it not for England alone but for a European audience; and it was perhaps to a European audience that it carried most effectively. For Voltaire in the next century the *Letter* was the essence of Locke's politics, a politics wholly in harmony with the message of the great *Essay* and unmistakably relevant to civilized life everywhere on earth. But if its political message was as cosmopolitan as it was clear, it also rested ultimately on a single conviction, the conviction that men have religious duties and can know what these are. It was Locke's struggle to justify this conviction that led to his greatest intellectual achievement. But the struggle itself ended not in triumph but in something very close to surrender.

Chapter 3
Knowledge, belief, and faith

As far as we know, there was no point in Locke's life at which he doubted, simply as a truth of experience, that some men did know their duty to God. But there was also no point in his intellectual life at which he supposed the grounds for this conviction to be clear and easy to explain. As early as 1659, before any of his formal writings, he had set out with vigour and imagination a picture of the relation between men's beliefs and their desires in which reason was seen unblinkingly as the slave of the passions. Instead of austerely controlling men's actions, it served merely as a device for finding grounds for what they already wished to do. Worse still, its failure was not just a failure of control, a moral defect. For the moral failure in its turn both contaminated the entire range of their understanding, and imperilled any solid sense that each man possesses an individual identity of his own (LC I 122–4). These three themes recur throughout his intellectual life, sometimes with more assurance and sometimes with greater pain. The view that many human beliefs deserve blame, that men are in large measure *responsible* for their beliefs, was one of Locke's deepest convictions, but also one which he found acute difficulty in justifying. To be coherent at all, it required a clear conception of how in principle men can remove the contaminations of passion from the operation of their understanding, how they can perceive and comprehend God's world and themselves as these truly are and not as they would prefer them to be. As well as this, it also required a clear conception of each individual man as a being capable of taking responsibility for his own actions. The conceptions of moral agency and of the scope and limits of human understanding were closely linked in Locke's thinking. Where the tension between them became acute, as it did in the years following the publication of the *Essay*, it was the implications of the conception of moral agency that he chose to follow. But of the two, of course, it was the picture of the scope and limits of human understanding, set out in the *Essay*, that Locke himself recognized as his masterpiece; and it has been this that has marked the imagination of posterity.

The first work in which he attempted to explore these themes was a set of lectures at Christ Church, the *Essays on the Law of Nature*. Natural law is decreed by God's will and it can and should be grasped by the light of nature, through the exercise of human reason. Within the order of nature, it shows men what they should and should not do: what this order requires of them as rational agents (LN 110). In the central controversy in Christian ethical theory since the Middle Ages, the dispute between those who saw human obligations as resting fundamentally on the will of God and those who saw them as resting solely on the requirements of reason and the real features of the natural world, Locke's position was equivocal. Clearly he felt (and indeed continued to feel throughout his life) the force of each of these views. But wherever he was compelled to choose between the two (and most conspicuously where he felt that human compliance with the law of nature was importantly in doubt), it was the will of God in which he trusted. In the *Essays* he made little attempt to explore, still less to resolve, the apparent tensions between these views. Nor did he spend much energy in defending the existence, and the binding force, of a law of nature against sceptical objections. (It is instructive, however, that his final response to such doubts was the charge that the absence of a law of nature would make each man the utterly free and supreme arbiter of his own actions (118) – an objection which falls very strangely on the modern ear.)

Instead he concentrated his attention on the question of how exactly men could know what the law was. Four possible ways of knowing are outlined: inscription, tradition, sense-experience, and supernatural, or divine, revelation. The last is discarded (122), not because there is any reason to doubt its occurrence, but because it is clearly not something that men can know merely through their own minds, reason, or sense-experience. (It is, however, to this possibility that Locke returns more than 30 years later in *The Reasonableness of Christianity.*) Inscription is rejected as simply false. If it were true that the law of nature was written in the hearts of all men (140, 144), all would agree in both the moral and the speculative principles which they believed; and the young, the uneducated, and the barbarous would have an especially clear grasp of these principles (138, 140). Tradition is rejected because the moral convictions of different societies differ so drastically. One society's property is another society's theft. One people's lechery is another people's good fellowship or religious worship. In certain circumstances, and in some countries, even murder and suicide can be applauded (166–76). Only the rational interpretation of the experience of the senses survives unscathed. Locke says rather little about how he sees its operation (146–58). But he emphasizes strongly that the main lessons which it offers concern the power and will of God (152–6). He also makes it very clear why he believes that it alone can serve as a foundation for the law of nature. Only a law grounded in the clear working of the human understanding and taking accurate account of the real features of the natural world could have rational authority for human beings as natural creatures. As they actually exist, men's beliefs, as he repeatedly insists, come to them largely from the speech of other men (128, 130, 140–2). The speech of other men is marked by the corruption of human sin. It is only when his beliefs depend upon the workings of his own mind and the lessons of his own experience that a man has good reason to place his trust in them.

The *Essay concerning Human Understanding*

In the *Essay* itself, and more practically in *Some Thoughts concerning Education* and *The Conduct of the Understanding*, Locke attempted to show how men can use their minds to know what they need to know and to believe only what they ought to believe. Because human beings are free, they must think and judge for themselves (E 100, 264). Reason must be their last judge and guide in everything (704). Where reason does not guide their formation, men's opinions are 'but the effects of Chance and Hazard, of a Mind floating at all Adventures, without choice, and without direction' (669). Although it has its own pleasures (6, 43, 233, 259), 'all Reasoning is search, and casting about, and requires Pains and Application' (52). Because it is so easy for men to judge wrongly, and because there is much more falsehood and error amongst men than truth and knowledge (657), all human beings have good reason to 'spend the days of this our Pilgrimage with Industry and Care' (652) in the search for truth. What the *Essay* attempts to offer is practical aid in this search. It does so in two rather different ways. The first is to show how the human understanding works successfully: how it is capable of knowledge and of rational belief, what human beings can know and what they cannot. The second is to explain why on the whole in practice it works so badly. Both these preoccupations were essential to Locke. If human beings could not in principle know what they needed to know, their predicament would place in doubt either the good will or the power of a divine Creator. But if they could not help acting as they did, not only would they be unfree, and hence not responsible for their apparent actions; but God himself would be the cause of all that Locke most loathed in human beings.

Both preoccupations are clearly present in the earliest draft of the *Essay* (EA 142–56). The published text of the first edition devotes much fuller attention to the former. But the balance is partially redressed in Locke's lifetime by a series of amendments, to the second (1694) and fourth editions (1700); in particular by his major change of mind on the nature of free agency, and by the new chapters on enthusiasm and on the association of ideas. (This last chapter was of enormous importance in the history of psychology as a would-be science throughout the 18th and 19th centuries, as well as in the development of utilitarian ethics.) But even after these amendments, the *Essay* very much retained the shape and character of its first published edition; and in this form, the picture of human knowledge and belief that it presents is on the whole an optimistic one. It is optimistic not because it makes extravagant promises of the degree to which human nature can be changed by political design, nor because it exaggerates the extent of human knowledge or minimizes the difficulties which men face in regulating their beliefs in a rational manner, but because it considers the workings of men's minds in such simple, sober, and unpretentious terms. The optimism is more a matter of tone than of content; but as a tone, it proved exceptionally beguiling.

What underlies it, above all, is a remarkable assurance about the scope of possible agreement in human thought.

> I am apt to think, that Men, when they come to examine them, find their simple *Ideas* all generally to agree, though in discourse with one another, they perhaps confound one another with different Names. I imagine, that *Men* who abstract their Thoughts, and do well examine the *Ideas* of their own Minds, cannot much differ in thinking. (E 180: and see LC IV 609)

If men will only use their minds and their senses – the 'inlets' of knowledge – carefully and sincerely, they will find themselves *compelled* to know and believe what they should and thus compelled to agree with those of their fellows who make an equally sober and honest use of their faculties. A key element in achieving and sustaining such agreement is a recognition of the limitations, what Locke himself calls the 'mediocrity', of human understanding. As elsewhere, at the centre of his thinking there lay a fine balance between scepticism and faith.

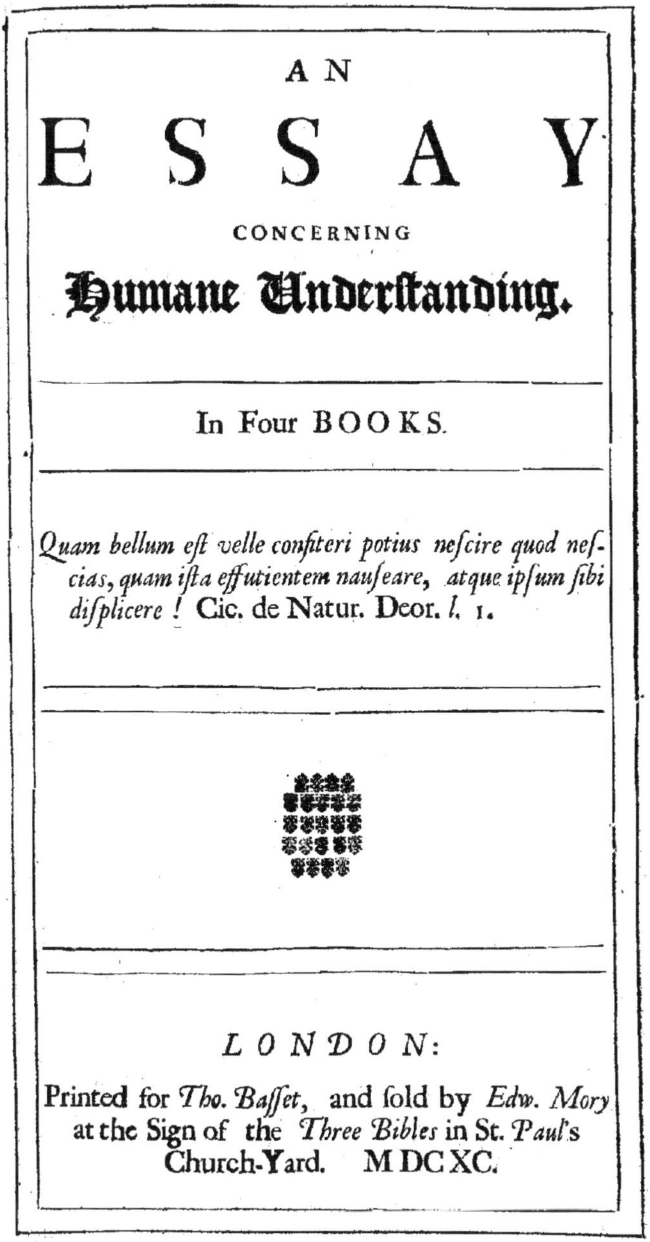

AN

ESSAY

CONCERNING

Humane Understanding.

In Four BOOKS.

Quam bellum eſt velle confiteri potius neſcire quod neſcias, quam iſta effutientem nauſeare, atque ipſum ſibi diſplicere! Cic. de Natur. Deor. *l.* 1.

LONDON:

Printed for *Tho. Baſſet*, and ſold by *Edw. Mory* at the Sign of the *Three Bibles* in St. *Paul's* Church-Yard. MDCXC.

12. Locke's official public intellectual debut, the first edition of the *Essay concerning Human Understanding*.

The salience of the faith is hardest to miss when he itemizes what men do in fact know, or sketches how they have good reason to live their lives. The most important single item of possible knowledge is the existence of God: 'we more certainly know that there is a GOD, than that there is any thing else without us' (E 621; and see 619, 628–31, 638). What makes it so important is its immediate and overwhelming implications for how men should live (542, 570, 651). Man's very power to know anything is not something that simply appears from nothing in the course of the history of the world – so that there 'was a time then, when there was no knowing Being, and when Knowledge began to be' (620). Rather, it was a direct gift from an all-knowing God who has existed for all eternity (625). The true ground of morality is 'the Will and Law of a God, who sees men in the dark, has in his Hand Rewards and Punishments, and Power enough to call to account the Proudest Offender' (69).

The nature of moral belief

Locke's view that morality was a science as much open to demonstration as mathematics, forcefully expressed in the *Essay*, caused him much subsequent distress as one friend or enemy after another enquired insistently about his progress towards carrying out the demonstration. There were several reasons for his confidence in the project. Moral ideas were inventions of the human mind, not copies of bits of nature. This contrast has fundamental implications for the character of moral ideas and for how, if at all, these can be known to be valid. It is the foundation in modern philosophical thinking of the presumption of a stark gap between facts about the world (which can potentially be known) and values for human beings (which can merely be embraced or rejected). The distinction between fact and value is both a product of Locke's conception of human knowing and the subversion of his beliefs about human values. Because moral ideas were inventions of the human mind, and because they were marked by words which were also inventions of the human mind, a man could, if only he took the trouble, grasp them perfectly himself and discuss them with other men in a manner which secured an equally perfect understanding on their part.

Much more importantly, human mental invention in the field of morality is not an arbitrary matter. What prevents it from being so, in Locke's view, is the fact that all men can secure, if they will only take the trouble to consider the question, a demonstrative knowledge of the existence of an omnipotent God who prescribes a law to human actions and punishes those which violate it. In the course of their history human communities have invented a wide variety of moral conceptions and adopted extremely diverse moral values. They have also succeeded in some measure in enforcing these values, both through direct coercion and through the subtler pressures of mutual approval or disapproval, the 'law of reputation'. Moral consciousness is not innate in human beings. Indeed, it takes very different forms in different countries. But for Locke, there is a single form which it should take everywhere and always: the form indicated in the Christian revelation and required by the law of nature, a law which men are just as capable of understanding, both extensively and precisely, as they are the truths of mathematics. There is no reason to believe that he ever abandoned this view. But what he clearly did abandon, after a series of abortive attempts to construct a demonstrative scheme of this kind, was the hope that such attempts stood the least chance of affecting how most men chose in practice to behave.

It seems clear from what we know about the *Essay*'s composition that this abandonment represented a major change in intellectual judgement. Indeed there is some reason to believe that it reflected the surrender of one of Locke's two main ambitions in writing the work, and even the disappointment of the initial hope and purpose which first led him to undertake it at all (E 7, 11, 46–7: EA 35–41, 80). But however unwelcome an outcome it may have been, it was not a surprising conclusion to draw from the arguments of the

Essay as a whole. Both knowledge and rational belief are on Locke's account in the last instance compulsive. Faced with the clearly perceived relation between ideas, the direct evidence of their senses, or the plainly apparent balance of probabilities, men cannot but know, sense, or judge as these dictate. Demonstrative ethics would consist of a sequence of relations between ideas which, if considered with care and in good faith, a man or woman could not but see as they are and hence could not deny. In the same way, a man cannot but in the end do what appears to him most desirable, though he certainly can, and often should, check his impulses and force himself to consider carefully and conscientiously whether what he feels immediately drawn to do will in fact be the best action from all points of view. (It is particularly important for him to do this, since absent goods do not catch the attention as insistently as present pains and hence have less purchase on human desires (E 260–1).) In itself human understanding for the most part, and in the most important respects – 'those which concern our Conduct' (46) – works just as it should. But it can do so only if men use it with energy, care, and good intentions. In the case of the practical knowledge of nature, the abuse of the human mind is hardly likely to be deliberate. A careful consideration of the ways in which the mind works when it works successfully can therefore be expected to assist men in future to use their minds more effectively: in scientific and practical enquiry into the character of the natural world, and in pursuit of the conveniences of life. But when it comes to deciding how to live, all men have strong and insistent motives to think less and to do so altogether more evasively. Not only do they have such motives but, as Locke was at pains to insist, most men in fact succumb to them with rather little resistance. Instead of living their lives in the light of divine threats of infinite and eternal pain (74–5, 255, 273–4, 277, 281–2), many even in civilized countries live as though they were atheists (88). All men are 'liable to Errour, and most Men are in many points, by Passion or Interest, under Temptation to it' (718). To improve men's moral conduct, what is most urgently required is not greater intellectual clarity but more effective imaginative aid in resistance to temptation. (Hence

Locke's decision within a few years of the *Essay*'s first publication to supplement it with a further work, *The Reasonableness of Christianity*, which set out what he took to be a particularly clear, simple, and directive version of Christian belief.)

This shift of attention, followed as it was by the meticulous paraphrasing of St Paul's *Epistles* (on which Locke laboured almost till his death), is profoundly revealing. What it underlines is the close dependence of his conception of the good life for man on the presumption of a God who sees men in the dark, cares how they choose to act, and punishes them after death for acting against his law. Two of the most important and impressive additions to the *Essay*, the altered treatment of free agency and the wholly new chapter on identity, are centrally concerned with the question of how divine punishment can make sense and be just (E 270–1, 340–6, and 717). At no point was Locke prepared to contemplate a conscious preference of faith to the conclusions of reason (667–8, 687–96, 698, 705). Even after writing the *Reasonableness*, he remained confident that the existence of a deity of the required kind could be demonstrated and that it therefore could and should be regarded as a conclusion of reason (LC VI 243–5, 386–91, 596, 630, 788–91). It is easy to see why this judgement was so crucial if we consider in its absence the implications of some of the *Essay*'s other main lines of thought.

The natural condition of man is not a placid one.

> We are seldom at our ease, and free enough from the sollicitation of our natural or adopted desires, but a constant succession of *uneasinesses* out of that stock, which natural wants, or acquired habits have heaped up, take the *will* in their turns; and no sooner is one action dispatch'd, which by such a determination of the *will* we are set upon, but another *uneasiness* is ready to set us on work. (E 262)

In the world, men are 'beset with sundry *uneasinesses*' and 'distracted with different *desires*' (257). Pain and pleasure, good and evil, move men's desires and do so by entering into their conception of happiness (258–9). All men constantly pursue happiness and desire anything which they see as making part of it. This is not a matter of choice. They cannot choose not to pursue happiness. But this does not in any way diminish their responsibility for what they choose to do. God himself 'is under the necessity of being Happy'; and it is the point of human liberty that men should have the power and responsibility to judge for themselves what really is good (264–5). Just as men's tastes in food differ – some loving lobster and cheese but others loathing them – so do their tastes in those broader and more diverse conceptions of pleasure which depend on the mind. Some value riches; others bodily delights; others virtue; and others contemplation. Since pleasure is a matter of taste, it is absurd to deny that men's happiness in this world will take very different forms.

> If therefore Men in this Life only have hope; if in this Life they can only enjoy, 'tis not strange, nor unreasonable, that they should seek their Happiness by avoiding all things, that disease them here, and by pursuing all that delight them ... For if there be no Prospect beyond the Grave, the inference is certainly right, *Let us eat and drink*, let us enjoy what we delight in, *for tomorrow we shall die* ... Men may chuse different things, and yet all chuse right, supposing them only like a Company of poor insects, whereof some are Bees, delighted with Flowers, and their sweetness; others, Beetles, delighted with other kind of Viands; which having enjoyed for a season, they should cease to be, and exist no more for ever. (E 269–70)

Occasionally Locke does attempt to argue that even in this life the rewards of virtue exceed those of vice (281–2). But the main weight of his judgement clearly falls against this view (W III 93). If happiness depends solely upon individual taste and taste itself is beyond criticism, human appetites can be restrained only by human threats – psychological, moral, and physical. Even within this world, the restraint of men's appetites will be indispensable if society is to remain possible. 'Principles of Actions indeed there are lodged in Men's Appetites, but these are so far from being innate Moral Principles, that if they were left to their full swing, they would carry Men to the over-turning of all Morality' (E 75). If men's nature compelled them to see their moral predicaments as Locke saw these – 'a Pleasure tempting, and the Hand of the Almighty visibly held up, and prepared to take Vengeance' (74) – most of them would certainly alter their habitual choices. But if men's reason came to question and reject the reality of this threat, their habitual choices might prove quite well considered, indeed might compare favourably with those of Locke himself. The key judgement for Locke is that a man can deserve punishment for an evil action because this action demonstrates that he has 'vitiated his own Palate' (271). It depends for its coherence, as well as its force, on there being a valid standard for human conduct independent of what men happen to find attractive.

The nature of knowledge

Most of the *Essay* is not directly concerned with moral questions. But even in the parts of the book which set out his theory of how men can know about nature, Locke's conception of the relations between God and man often plays an important role. It does so, not by qualifying the conclusions of the ambitious and impressively systematic theory which he developed, still less by questioning the value of any such theory, but rather by setting it in a congenial imaginative frame. In some respects he sees the scope of human knowledge as sharply restricted. But within this scope, he has no doubt whatever of its reality as knowledge. Although he explicitly denies that knowledge enters history along with thc human racc, he thinks of knowledge as something of which we may be quite certain that men are naturally capable. God – and even angels and other spirits – may know vastly more and know it more directly (M 52). All men may be mistaken in many of their beliefs (though he doubted in fact if the beliefs which they actually possess are often as absurd as much of what they are induced to say that they believe (E 719)). But any human being whose wits are sufficiently in order to consider the question may be perfectly confident, may *know,* that he or she *can* know.

Locke's theory covers many of the great issues of philosophy: the relation of human thought and experience to their objects, how words get and retain their meanings, how men perceive, how human knowing and understanding operate. It is, as he makes very clear, not intended as a scientific theory: a theory, for example, about how exactly in human sight material objects can exercise the power to modify men's minds (M 10), or of why exactly parts of nature act upon other parts just as we observe them to do. On these questions Locke was highly sceptical whether men's natural faculties equipped them to understand very profoundly and precisely: sometimes too sceptical, as it has turned out. But by contrast with these piously affirmed limitations, he believed firmly that men can understand clearly how to distinguish what they can hope to know from what they cannot. More importantly still, he was equally sure that if they applied this understanding in actually using their minds in real life, they could be confident not merely of learning much practically useful information and of greatly extending their scientific understanding of nature, but also of seeing more clearly how they ought to conduct themselves as moral agents. Instead of letting loose their thoughts 'into the vast Ocean of *Being*' (E 47), men would be better advised to consider soberly the capacities of their own understanding and to direct their thought and action accordingly (46).

The *Essay* itself promises to 'consider the discerning Faculties of a Man, as they are employ'd about the Objects, which they have to do with'. Through 'this Historical, plain Method' it aspires to give an 'Account of the Ways, whereby our Understandings come to attain those Notions of Things we have' (44). Its first book attacks the doctrine of innate ideas, ideas with which human beings are born. The view that men do have innate moral and religious ideas Locke had already rejected, as we have seen, in his *Essays on the Law of Nature*. Given the variety of moral values and religious beliefs in different societies of which he was aware, he had no difficulty in making this view appear extremely foolish. This mockery caused grave offence amongst the Anglican clergy of the day and was an important source of Locke's reputation as a propagator of irreligious opinions. More important for the *Essay* as a whole was his rejection of the view, held for example by Descartes, that man's capacity to understand nature also rested upon the innate knowledge of a number of maxims of reason, such as 'What is, is' (48–65). Since most men (and virtually all small children) are quite unaware of any such maxims, it is absurd to attribute knowledge of these to them. The way in which men come to understand the truth of such maxims is through experiencing particular objects. While it is true that they depend for this understanding on the exercise of their rational faculties, this in no sense makes knowledge of the maxims themselves innate.

The remaining three books of the *Essay* set out Locke's own positive theory of how men can know and of how they can form beliefs which it is rational for them to believe. The first develops his account of the nature of ideas, the sole immediate objects of human thought and therefore the only objects about which human knowledge is 'conversant' (525). (By an 'idea' Locke meant merely 'whatsoever is the Object of the Understanding when a Man thinks' (47).) The second considers the nature of words, and of language in general, while the third summarizes the implications of the first two in a bold discussion of the nature of human knowledge. Knowledge itself is a form of perception: the perception of the '*connexion and agreement, or disagreement and repugnancy of any of our Ideas*' (525). What men immediately perceive, and even what they immediately reason about, are always particular ideas existing in their own minds. Any true general conclusions at which they arrive apply only in so far as other particular relations in nature, or in the thought of other men, correspond to them (680–1). Ideas themselves are all either simple or complex. If simple, they derive directly from the senses (310–12), the inlets of knowledge. If complex, they are formed by the voluntary mental union (163) of simple ideas. All human knowledge is founded in and ultimately derived from experience; either from the observation of perceivable objects in the world, or from the inspection and assessment of the workings of men's own minds (106). Men can think, know, and judge for themselves, and must do so since they cannot in the end trust others to do so for them (100–1, 7, 264). The minds of children at birth are like white paper (81, 104). Although at first they are marked plainly by the purely natural impact of particular ideas through the senses, they are also speedily defaced by the often superstitious and irrational teaching of adults (81–4, 394–401). Once so defaced, since custom is a greater power than nature (82), only a lifetime's unrelenting effort, fired by a genuine love for truth itself (697), can do much to repair the damage.

One of the main ways in which human understanding undergoes this corruption is through the words in which men express their thoughts. The systematic discussion of language in the third book came, as Locke himself acknowledges (401, 437, 488), as something of an afterthought. But he had no doubts as to its practical importance: 'The greatest part of the Questions and Controversies that perplex Mankind depending on the doubtful and uncertain use of Words' (13). Since most men most of the time think in words, and since general truths are almost always expressed in words (579), confusion or unnecessary vagueness in the use of words can do immense harm (488–9). Because words 'interpose themselves so much between our Understandings, and the Truth', their obscurity and disorder can 'cast a mist before our Eyes' (488). This effect is particularly disastrous in law, divinity, and moral argument (433, 480, 492, 496).

This insistence on the significance of verbal clarity, the emphasis which he lays on the predominant role of the senses in furnishing men with knowledge of nature, and his conception of the infant mind as blank paper on which experience writes are perhaps the most optimistic of Locke's themes in the *Essay*. The first two still meet with some modern philosophical approval; and all three were important in shaping Locke's image as provider of the philosophical basis for Enlightenment optimism. By contrast, his stress on the power of custom, on the elaborate and treacherous processes through which men form, modify, and protect their beliefs, and on the unedifying character of most men's worldly desires (67, 662) suggests decidedly more pessimistic conclusions. Certainly, it offers no encouragement whatsoever for the more extreme Enlightenment hopes of reforming human nature *en masse* through political control of the environment in which individuals develop. This is especially important because of the close links which Locke himself saw between men's grounds for trusting their senses and the force of their worldly desires. In the last resort he rejected sceptical doubts as to whether our senses really do deliver us any knowledge at all, on two very different grounds. His own conception of how they do so can be considered shortly. But the grounds for rejecting scepticism must first be underlined.

One ground, a partial echo of Descartes, is simple, devout, and unlikely to impress a secular audience: that a good Creator would not have endowed men with senses which systematically deceive them (E 375, 302, 624–5, 631; M 10). But the second is far more complicated and requires no devotion whatsoever. Not only does the evidence of each sense support its own veracity through time. It also supports that of the others. Trust in the senses is so indispensable for practical life and so directly linked to the overwhelmingly powerful stimuli of pleasure and pain – 'the hinges on which our Passions turn' (E 229, 128–30, 254–80, 631, 633–4) – that Locke cannot believe that any human being could sincerely doubt the validity of sense-experience, let alone live as though he supposed it illusory. Whatever the force of particular arguments in its favour, sceptical doubt in practice can only be trivial because the senses play such a central role in how men adapt themselves to and control nature. Because he held such a vivid conception of the demands of virtue (LC I 123) and the seductions of vice, and because belief in God was so essential to sustaining this conception, Locke himself drew no strong implications from this relation between sense and desire. For him, as for Nietzsche nearly two centuries later, if God did not exist, man 'could have no law but his own will, no end but himself. He would be a god to himself, and the satisfaction of his own will the sole measure and end of all his actions' (D 1). The fundamental choice for man would be the choice of what sort of creature to become. But for those (like Jeremy Bentham) whose imaginations were less captivated by virtue, honour, and their repressive demands, the myriad links between sense and desire would in due course suggest a more comfortable and worldly style of life. Locke himself was a utilitarian only in the light of a world to come. But it is easy to see how less devout minds could base an entirely secular utilitarianism on his conception of the human understanding. Whatever his own philosophical judgement of how men who had lost a faith in God would have good reason to live, it is also easy to see how, under these circumstances, Locke would expect them in practice to choose to live. Given the history of religious belief in Western Europe since his death, it is hard to imagine that the corresponding history of moral belief and sentiment would have come to him as much of a surprise.

The varieties of knowledge

In the *Epistle to the Reader* which prefaces the *Essay*, Locke expresses the ambition to serve the master builders of 17th-century natural science – Boyle, Huygens, and Newton – as a mere under-labourer 'removing some of the Rubbish, that lies in the way to Knowledge' (E 9–10). The rubbish is to be removed in two main ways, one negative and the other positive. In the understanding of nature the inventive powers of reason must be restrained sharply in favour of a trust in the less fanciful testimony of the senses. Men cannot hope to understand the workings of nature with the clarity with which they understand, for example, algebra. But by understanding how their minds operate in the acquisition of knowledge, by careful observation of nature and equally careful expression of the results of such observation (476–7, 484, 501), they can hope to extend their understanding greatly. The natural tendency of the human mind is towards knowledge (385). One reason why a comprehensive scepticism is so absurd is that the contrast between truth and illusion which it draws depends upon the very capacity to distinguish which it denies: 'we cannot act any thing, but by our Faculties; nor talk of Knowledge it self, but by the help of those Faculties, which are fitted to apprehend even what Knowledge is' (631).

Men have three principal types of knowledge: intuitive, demonstrative, and sensitive. (The status of memory is a little unclear.) Of these, intuition is the most certain because it is the least avoidable. God's knowledge is intuitive. He sees everything at once and hence has no need, as men do, to reason (M 52). The main truth which men know intuitively is their own existence: this they cannot doubt. Valid demonstration is just as definitely knowledge as is intuition. But, since it necessarily involves relations between several different ideas, it is 'painful, uncertain and limited' (52) in comparison with intuition; and men can be, and often are, mistaken in supposing themselves to have achieved it. Mathematical knowledge is demonstrative. But the most important truth which men can know demonstratively is the existence of God. Sensitive knowledge is caused by the action of objects in the world upon human senses (E 630–8). We do not know exactly how it is caused (M 10). But this ignorance does not make it any less certain (E 630). Seeing white paper as one writes on it, it is as impossible to doubt the colour seen or the real existence of the paper as it is to doubt the act of writing or the movement of one's hand: 'a Certainty as great, as humane Nature is capable of, concerning the Existence of any thing, but a Man's self alone, and of GOD' (631). Sensitive knowledge fully '*deserves the name of Knowledge*' (631). It extends '*as far as the present Testimony of our Senses*, employ'd about particular Objects, that do then affect them, *and no farther*' (635); with the crucial exception that our memories, when accurate, give us knowledge of the past existence of some things of which our senses once assured us (636).

Memory is an important supplement to demonstrative as well as to sensitive knowledge. Without it, no general truths in mathematics could be known; nor could we possess even 'habitual' knowledge of the truth of any demonstrations we had completed in the past unless we saw perfectly in the present just how to repeat them; nor could Newton, for example, be said to know what he had demonstrated in his *Principia* except when he held its full chain of reasoning 'in actual view' (528–30).

13. Locke as ghostly enemy of Postmodernism: the conviction that truth is opposite to falsehood, that it may be found and is worth the seeking.

This conception of knowledge has been criticized from many angles. Few modern philosophers would accept Locke's demonstration of God's existence. But much the most important and widespread attack has been levelled at his analysis of sensitive knowledge. A succession of able critics of widely varying views, from Berkeley, Thomas Reid, and Kant to the present day, have questioned the compatibility of the two main components of his view: that the senses give men knowledge of the external world, and that all knowledge consists of mental acquaintance with ideas. Locke's doctrine is in fact a complicated and subtle one; and many of the objections which have been raised against it certainly miss the mark. He definitely does hold that simple ideas of natural objects correspond in some strong fashion to the way natural objects actually are: namely, by giving men knowledge of their qualities. In doing so, such ideas differ radically from, for instance, moral conceptions, which do not involve the attempt to match some pre-existing 'archetype' outside the human mind. He also definitely holds an essentially causal theory of perception: that the way in which the senses furnish us with knowledge of nature is by the qualities of objects causing ideas in our minds. He also plainly imagines the causal mechanisms in question very much in the 17th-century scientific idiom of matter and motion (M 10): it is plain that 'Motion has to do in the producing of them: And Motion so modified is appointed to be the cause of our having them.' But he did not suppose for a moment that human beings in his day possessed any clear understanding of how exactly this causality works, and he plainly doubted that their senses were acute enough to equip them to understand it even in principle. Yet, although his theory was in this way more elaborate and sceptical than is sometimes recognized, it does have important weaknesses. It is reasonable to insist that all knowing involves mental action and some element of consciousness. It remains a plausible claim, at least in relation to the external world, that 'since the Things, the Mind contemplates, are none of them, besides it self, present to the Understanding, 'tis necessary that something else, as a Sign or Representation of the thing it considers, should be present to it:

And these are Ideas' (720–1). But the view that the whole of man's capacity to know can be adequately explained as the acquisition and recombination of simple ideas, furnished by the individual senses or by reflection, remains unconvincing.

On this basis, nevertheless, Locke was able to erect an impressive analysis of natural philosophy: 'The Knowledge of Things, as they are in their own proper Beings, their Constitutions, Properties, and Operations' (720). It was an account which recognized the potential deceptions of the senses and of memory, without succumbing to a comprehensive scepticism. It distinguished firmly, if not always very clearly, between those 'primary' qualities of nature (such as shape) which exist in bodies quite independently of human or other observers and the 'secondary' qualities (like colour) which depend in part upon the perceptual powers of an observer. Men perceive a solid cube as such because, whether they inspect it or not, that is simply the way it is. But they perceive a rose as red because when they see it in daylight its physical properties happen to cause them so to perceive it. All simple ideas are caused by the 'qualities' of objects by means which we do not and probably cannot understand. But unlike secondary qualities, primary qualities in no sense depend upon the relation between human beings and external objects. It is natural for men to think of both sorts of qualities as simply existing in external objects. But only in the case of primary qualities is this natural belief wholly valid.

Knowledge of nature is confined to simple ideas of sensation, perceived in the present or recalled to the mind by memory. But, of course, men's belief about nature extends vastly beyond this. It is founded principally on judgements of probability, based on elaborate comparisons between, and combinations of, simple ideas. Accordingly, it is not a form of knowing about nature, but a form of more or less well-considered guessing about this. Over most of the more important issues in their lives men cannot truly know what to do or what is the case. All they can do is to judge these as prudently as possible. But this they certainly must do. To insist on knowledge in practical questions where it cannot be had would be self-destructive. It would incapacitate men from taking any action at all and bring their lives to a nervous halt. No general truths about nature can be known; and therefore there can in the strict sense be no *science* of nature. Men are entirely correct to believe that they know their simple ideas of sensation and reflection to match reality, the way the world is, and the way they are themselves. But when they attempt to understand themselves and nature, the complex ideas which they fashion in their minds out of these simple materials cannot be known to match reality. Instead, what human beings are compelled to do is to judge whether reality matches their own complex ideas. If they judge attentively and prudently this will serve very adequately for all practical purposes. What God requires of them they cannot afford not to know. But to deal effectively with nature does not demand knowledge. It merely demands skilful guessing.

To possess a true science of external nature, men would need to have sensitive knowledge of general truths about its workings. They would need to be able literally to see how all natural effects are caused. God himself certainly possesses this power of direct vision. It is even possible that angels too, if to a lesser degree, may be able to perceive some of nature's workings directly. But human beings, because of the limitations of their senses, must depend for their understanding of nature quite largely on the self-conscious control of their own conceptions and classifications. If they cannot know general truths about nature, they have the most practical of motives for attempting to form valid general beliefs about its workings. To increase the probability of success in this venture, they must attend particularly to the ways in which they form their own complex ideas and in which they employ the words with which they name these ideas. Simple ideas are natural signs of qualities of natural objects; and words are human signs for ideas in the mind. Simple ideas are entirely involuntary, words wholly voluntary. Standing between these two, complex ideas can be subjected to deliberate regulation by the mind but depend for their materials wholly upon the involuntary deliverance of the senses. Extreme mental and verbal self-consciousness is required for men to secure the fullest control of the conduct of their own understandings. Systematic scientific research and philosophical discourse are the public and practical expressions of a form of mental care and responsibility that all men, within the limits of their social opportunities, have the duty to undertake.

Scientific research does not in Locke's view yield knowledge; and hence for him does not deserve the name of science. But it certainly does enable men to improve their understanding of nature. In the work of his admired contemporaries Boyle, Newton, and other leading lights of the Royal Society, scientific research had recently made great strides. It is not clear how far Locke himself expected this specialized, systematic, and highly theoretical enquiry into the natural world by itself to increase man's control over nature or to enhance his enjoyment of life in the world. (In the field of medicine, of course, he hoped for some immediate worldly benefits; but he clearly did not anticipate a transformation of man's capacity to control disease or alleviate pain.) Yet, whatever its distinct contribution proved to be, he clearly did see scientific research as a natural extension of the active and practical effort to understand and control nature which distinguished 'polished' from 'rude' nations and made life in the former, in his view, so much more enjoyable than it was in the latter (646–7).

Perhaps the most impressive feature of this understanding of natural science was its explanation of the limits of men's natural knowledge. In some ways, to be sure, Locke plainly misjudged these limits, seeing a larger gap between human classification and the workings of nature than the subsequent history of chemistry, or even biology, has proved to justify. But the balance between confidence in the explanatory power of the mechanical model and conviction that men cannot directly know the workings of nature still seems well judged. Modern philosophers of natural science have very different sciences to consider, some with awesome practical effects. They share few of Locke's assumptions, or even interests. Unlike Locke, also, they do not think of knowledge as a form of vision and do not contrast the limitations of man's knowledge of nature with the supposedly perfect vision of an omniscient God. But they too, for the most part, for all their disagreements, put such confidence as they can muster largely in the direct deliverances of the senses and in the explanatory power of models; and they too would deny that human beings can know just why nature works as it does. Natural science, accordingly, is not so much a form of knowledge (as Locke understood this) but, rather, a peculiarly complicated and cunning form of belief – a matter of judgement (or guessing), not of direct vision.

Locke does not doubt that something causes nature to work in every detail just as it does. Objects have qualities and human beings know of their existence because these qualities affect their senses in particular ways. But, unlike Aristotle, he doubted whether nature itself was divided up into distinct kinds of things, with clear boundaries between them; he was confident that human beings could not know exactly how it is divided; and he was quite certain that human beings cannot know about it by knowing precisely how it is divided. However nature itself is divided up – whether it forms a blurred continuum or is made up of a multiplicity of entirely distinct kinds of things – it causes men to see it just as they do; and God can see clearly how and why it does so. But all that men can do is to assemble together their own simple ideas with care and accuracy and to use the verbal signs which refer to these assemblages with equal care and accuracy. What men can know about nature (apart from the simple ideas of sensation and reflection) is how exactly they themselves conceive it. They cannot know in general what they are thinking or talking about. They cannot, except at a particular moment, know how it truly is.

With ideas that shape action – and especially with moral ideas – the position is very different. Here there is no gap between what men think about and what really is the case. It is easy to be confused about moral issues since there is no palpable external standard, given by the senses, which men must seek to match and with which their ideas can readily be compared. But the moral ideas which men consider simply are the realities about which they are attempting to think. Because there is no gap in this sense between what Locke calls their 'nominal essence' and their 'real essence', ideas about morality can be understood with a clarity which ideas about nature necessarily lack. This is why Locke supposed that morality could be demonstrated, and continued to suppose so long after he had abandoned the attempt to demonstrate it himself.

What made moral conceptions potentially so clear (and moral misunderstanding so likely in practice) was the absence of a given world for them to match. Unsurprisingly, however, this very absence made them vulnerable in quite another way. All men, as we have seen, have powerful internal principles of action which impel them to act in a manner wholly contrary to Locke's own moral beliefs. Human societies are possible because they restrain these motives by the contrary pressure of approval and disapproval and by effective threats of legal punishment. Both of these are simply practical obstacles to an individual's pursuit of pleasure. In themselves they can give no man a reason for wishing to act morally, or for choosing to do so where he is confident of avoiding in practice the threats which they level at him. Hence the decisive importance for Locke's conception of morality of a threat which no one can rationally hope to avoid, the punishments of a God 'who sees Men in the dark'. This dependence is set out with particular clarity in an uncompleted manuscript, 'Of Ethics in General', perhaps intended as the final chapter of the *Essay* (LN 11). In face of this dependence, the *Essay* as a whole shows one glaring defect. The demonstrative argument for God's existence which it offers goes no distance at all towards establishing the reality of a God concerned to punish or save human beings. The unmistakably Christian conception of a God on which Locke's moral convictions rested could be vindicated only by an appeal to revelation. (Fortunately, God's law of nature and his revealed will were necessarily identical and offered 'the only true touch-stone of *moral Rectitude*' (E 352).)

Faith

In his last major work, accordingly, Locke turned firmly to revelation. He did so in part to proclaim, as its title declares, *The Reasonableness of Christianity as delivered in the Scriptures.* (It is reason which must judge whether a particular message is or is not a revelation from God and which must interpret precisely what it means.) But he did so more urgently because it was only by means of the Christian revelation that he retained the confidence that men's moral duties were effectively 'made known to all mankind'. Natural law in its full extent had never been demonstrated by anyone (R 89), and by 1694 Locke had abandoned hope of demonstrating it himself (LC IV 768, 786). But God had shown all men how he wished them to live by proclaiming to them the law of faith through the Messiah Jesus. The close correspondence between the Messianic prophecies of the Old Testament and the events of the life of Jesus, together with the miracles which he performed, gave to his disciples a revealed knowledge that he was the Messiah. Jesus himself proclaimed the law of faith, demanding obedience and promising salvation in return (R 71–5; W III 466).

Nearly 17 centuries later, men cannot expect the same direct compulsion to believe that the disciples enjoyed, since traditional revelation depends on historical reasoning and not on direct experience (E 664, 690–1). But if they consider the evidence and open their hearts, faith will not be denied to them. The faith that Jesus was the Messiah, and a genuine effort to obey his law, will together be sufficient to save them. Faith is a form of trust, not against reason, but beyond reason. It demands effort (which is why infidelity can be a sin). But it makes truly open to every man the opportunity to live a good life.

This is not an inspiring conclusion to a philosophical quest that had covered three and a half decades. There is no reason to believe that Locke himself regarded it with enthusiasm; and he would scarcely

THE

REASONABLENESS

OF

Christianity,

As delivered in the

SCRIPTURES.

LONDON:

Printed for *Awnsham* and *John Churchil*, at the *Black Swan* in *Pater-Noster-Row*. 1695.

14. The step backwards to faith – that Jesus was the Messiah. Not, of course, a new conviction for Locke, but a quite new salience to the conviction.

have been happy to espouse it from the outset. It had, moreover, a number of distressing implications. It meant, for example, that men, by Locke's own criterion and because of the limitations of their own natural abilities, cannot, and do not have the opportunity to, *know* how to live. Judgement and faith may be sufficient for salvation. But what they offer does not amount to a form of knowledge. Moreover, the fate of all those human beings who had not been fortunate enough to receive the good news of the Christian revelation was hard, on this view, to reconcile both with Locke's conception of man's place in nature and with his understanding of the power and benevolence of God.

But, however discouraging an outcome this must have been for Locke himself, it does serve to illuminate some of the key constraints on his imagination. Judgement and faith together could give men sufficient reason to live as he supposed that they ought. In the last instance, it was more important to him that they should have sufficient reason to live in this way than that they should possess the power to know how to live. Genuine knowledge of morality, accordingly, turns out in practice to be as much beyond men's own reach as a true science of nature. What replaces it in the real lives of men, as Locke imagined these, is a combination of judgement with trust in divine benevolence. His picture of men's powers to know about nature – as modest natural abilities – is contrasted with a picture of God's power to know about nature. In the face of these modest natural abilities, sceptical doubt appears strained and silly because, unlike them, it can play no part in meeting the practical demands of day-to-day life. In a sense (and here Locke's profound engagement with the philosophy of Descartes gave him some real insight), the force of scepticism comes largely from an implicit contrast between the modest ability to understand nature which men palpably do possess and a form of understanding – clear, distinct, unchallengeable, and final – which they might in faith be led to attribute to God, but which they themselves certainly cannot attain. From Locke's point of view, that is to say, it comes from the presumptuous demand that men should be able to understand nature as clearly as God does.

With the faltering of trust in the existence of a God, both natural knowledge and morality inevitably look very different from the way that Locke saw them. In a godless world the limits of scepticism were certain to prove (and have proven) far harder to draw.

Conclusion

In January 1698, in a letter to his friend William Molyneux, Locke summed up the convictions of a lifetime.

> If I could think that discourses and arguments to the understanding were like the several sorts of cates [sc. foodstuffs] to different palates and stomachs, some nauseous and destructive to one, which are pleasant and restorative to another; I should no more think of books and study, and should think my time better imploy'd at push-pin than in reading or writing. But I am convinc'd of the contrary: I know there is truth opposite to falsehood, that it may be found if people will, and is worth the seeking, and is not only the most valuable, but the pleasantest thing in the world. (LC VI 294–5)

That the truth is independent of human desires and tastes, and that at least part of it lies within the reach of human understanding, is a simple and widespread conviction. But it is not an easy conviction to explain and justify in any great depth. For Locke, the task of a philosopher was to provide just such an explanation and defence. Many modern philosophers doubt whether any such defence can be constructed. Even amongst those who believe that it might, few see Locke's own attempt as especially successful.

There is no reason to quarrel with this verdict. What distinguishes Locke from the great majority of philosophers is not the cogency

15. An old, sick and immensely distinguished man: Locke in the final year of his life.

today of his arguments as a whole. Rather, it is the profundity with which he understood the bearing of philosophy on how men have good reason to live their lives. If truth does in the end depend upon human desire, and if men have no end but their own wills, then the life which Locke himself lived was a ludicrous exercise in self-denial. Nearly three centuries later, the same is still likely to be true of many aspects of our own lives. The idea that whether or not our lives make sense might depend upon the deliberations of university departments of philosophy is at first sight mildly comic. But in the last instance the joke, as Locke saw, is on us. Once we have lost the religious guarantee that reason, 'the candle of the Lord', shines bright enough for all our purposes, we have no conclusive reason to expect it to shine bright enough for any. And once we can no longer see our purposes as authoritatively assigned to us from outside our selves, it becomes very hard to judge just which purposes we have good reason to consider as (or to make) our own.

In the face of these two hazards, the instability of human belief in its entirety and the obscurity of how we do have good reason to live our lives, Locke's philosophy offers us more illumination on the first than on the second. This is certainly not what he would have wished, but it is easy enough to explain. Many philosophers today, unsurprisingly, share his belief that truths about nature and about complex inventions of the human mind, like mathematics and logic, are independent of human desire. But for Locke the central truths about how men have good reason to live are just as independent of what at a particular time they happen consciously to desire. Few today share this belief with any confidence; and perhaps no one today has much idea of how to defend it. But some still live (and many more attempt intermittently to live) as though it were in fact true. As Coleridge, a savage critic of Locke's ethics, put it a century and three-quarters ago: 'Almost all men nowadays act and feel more nobly than they think.'

The view that the game of push-pin, if men happen to enjoy it as much, is just as good as poetry is a slogan of the most influential modern theory of human good, the utilitarianism of Jeremy Bentham. What led Locke to reject it is not the equally utilitarian (and singularly unconvincing) claim that truth is the pleasantest thing in the world, but the more fundamental conviction that truth is different from falsehood, that it can be found and is worth the seeking, and that when it is found it will tell man clearly how to live. It was in this conviction that he placed his trust and lived his life. Because of it, he still offers to us across the centuries the example of a lifetime of intellectual courage. It may well be that he was wrong to trust it. And if he was, we can hardly rely on his thinking to steady our own nerves. But what is certain is that we too shall need such intellectual courage every bit as urgently as he did.

References

The manuscript by Sydenham quoted on p. 10 is from Kenneth Dewhurst, *John Locke, Physician and Philosopher: A Medical Biography* (Wellcome Historical Medical Library, 1963). Henry Ireton's question to the Leveller leaders in the Putney debates quoted on p. 43 is taken from A. S. P. Woodhouse (ed.), *Puritanism and Liberty* (J. M. Dent & Son, 1938). Coleridge's comment cited on p. 97 comes from Kathleen Coburn (ed.), *The Notebooks of Samuel Taylor Coleridge*, ii. *1804–1808* (New York, 1961), entry 2627.

Further reading

Full bibliographical details of the editions of Locke's works that have been used in references are given in the list of abbreviations at the beginning of the book.

The Clarendon Press is at present engaged in publishing an edition of all Locke's published writings and many of his unpublished manuscripts. The *Essay concerning Human Understanding* and (thus far) eight volumes of his *Correspondence* were the first to appear, superlatively edited by Peter Nidditch and E. S. de Beer respectively. A single volume of *Selected Correspondence*, edited by Mark Goldie (Oxford University Press), now makes some of the vividness and fascination of the full *Correspondence* accessible to a wider readership. A final volume, along with a full index to the *Correspondence* as a whole, will be issued shortly. These two works have since been joined by A *Paraphrase and Notes on the Epistles of St Paul* (ed. Arthur A. Wainwright, 2 vols., 1987), *Some Thoughts on Education* (ed. John W. & Jean S. Yolton, 1989), *Drafts for the Essay concerning Human Understanding and other Philosophical Writings* (ed. Peter H. Nidditch and G. A. J. Rogers, 1990), *Locke on Money* (2 vols., ed. Patrick Hyde Kelly, 1991), and *The Reasonableness of Christianity* (ed. John Higgins-Biddle, 1999). There are also excellent modern editions of the Two *Treatises of Government* (ed. Peter Laslett, Cambridge University Press, 2nd edn., 1988), *Two Tracts on Government* (ed. Philip Abrams, Cambridge University Press, 1968), *Essays on the Law of Nature* (ed. W. von Leyden, Clarendon Press,

1954), and a somewhat less satisfactory edition of the *Letter on Toleration* (ed. R. Klibansky and J. W. Gough, Clarendon Press, 1967). There are also very useful selections across the range of Locke's views about politics in David Wootton's *Political Writings of John Locke* (Penguin, 1993), a full and careful presentation of many of his incidental writings on politics in Locke, *Political Essays*, ed. Mark Goldie (Cambridge University Press, 1997), and a valuable selection of Locke's *Writings on Religion* (ed. Victor Nuovo, Clarendon Press, 2002). Other published works of Locke are still most conveniently consulted in the 18th- or 19th-century editions of his *Collected Works.*

Maurice Cranston's *John Locke: A Biography* (Longman, London, 1957) is informative but less vivid than Laslett's Introduction to the *Two Treatises.* There is a major modern biography of Shaftesbury by K. H. D. Haley, *The First Earl of Shaftesbury* (Clarendon Press, Oxford, 1968), and a remarkable (if not invariably reliable) study of Locke's role in Shaftesbury's political enterprises in the late Richard Ashcraft's *Revolutionary Politics* and *Locke's Two Treatises of Government* (Princeton University Press, 1986). The Introductions by von Leyden and Abrams are particularly illuminating on the development of Locke's understanding of morality. The best systematic treatments of this are now provided by John Colman, *John Locke's Moral Philosophy* (Edinburgh University Press, 1983) and A. John Simmons, *The Lockean Theory of Rights* (Princeton University Press, 1992); but see also, more broadly, Ian Harris, *The Mind of John Locke* (Cambridge University Press, 1994). Locke's religious views are clearly (and on the whole approvingly) presented in M. S. Johnson, *Locke on Freedom* (Best Printing Co., Austin, Texas, 1978). They are also now widely discussed in studies of his political thinking (see, e.g., Dunn, 1969; Tully, 1980 and 1993; Marshall, 1994; Harris, 1994 below).

Michael Ayers's superb two-volume study *Locke. Epistemology and Ontology* (Routledge, 1991) stands head and shoulders above all other modern philosophical treatments of his philosophy as a whole. Amongst other helpful works, written from a wide variety of perspectives, are John W. Yolton, *Locke and the Compass of Human Understanding*

(Cambridge University Press, 1970); Roger Woolhouse, *Locke's Philosophy of Science and Knowledge* (Basil Blackwell, Oxford, 1971); Richard I. Aaron, *John Locke*, 3rd edn. (Clarendon Press, Oxford, 1971); James Gibson, *Locke's Theory of Knowledge and its Historical Relations* (Cambridge University Press, 1917); Kathleen Squadrito, *Locke's Theory of Sensitive Knowledge* (University Press of America, Washington, DC, 1978); J. L. Mackie, *Problems from Locke* (Clarendon Press, Oxford, 1976); Jonathan Bennett, *Locke, Berkeley, Hume: Central Themes* (Clarendon Press, Oxford, 1971) and *Learning from Six Philosophers*, 2 vols. (Oxford University Press, 2001), principally in Vol. 2; Peter A. Schouls, *The Imposition of Method* (Clarendon Press, Oxford, 1980); and the essays collected in I. C. Tipton (ed.), *Locke on Human Understanding* (Clarendon Press, Oxford, 1977). See now, too, Peter Schouls, *Reasoned Freedom: John Locke and Enlightenment* (Cornell University Press, 1992) and several of the chapters in Vere Chappell (ed.), *The Cambridge Companion to Locke* (Cambridge University Press, 1994). There are a number of important articles by Michael Ayers (see particularly 'Locke versus Aristotle on Natural Kinds', *Journal of Philosophy*, May 1981; ' Mechanism, Superaddition and the Proof of God's Existence in Locke's *Essay*', *Philosophical Review*, April 1981; 'The Ideas of Power and Substance in Locke's Philosophy', *Philosophical Quarterly*, January 1975). The central importance for Locke of men's responsibility for their own beliefs is brought out very elegantly in John Passmore, 'Locke and the Ethics of Belief', *Proceedings of the British Academy*, 1978. The relation between his conception of men's natural cognitive powers and the challenges with which History confronts them is discussed in J. Dunn, '"Bright Enough for all our Purposes": John Locke's Conception of a Civilised Society', *Notes and Records of the Royal Society*, 43 (1989). On his conception of education, see (in addition to the edition of J. W. and J. S. Yolton, 1989) Nathan Tarcov, *Locke's Education for Liberty* (University of Chicago Press, 1984). On Locke's conceptions of persons and their identity, see Ruth Mattern, 'Moral Science and the Concept of Persons in Locke', *Philosophical Review*, January 1980, and David Wiggins, 'Locke, Butler and the Stream of Consciousness and Men as a Natural Kind', in A. O. Rorty (ed.), *The Identities of Persons* (University of California Press, Berkeley,

1976). For the formation of Locke's own identity, see J. Dunn, 'Individuality and Clientage in the Formation of Locke's Social Imagination', in Reinhard Brandt (ed.), *John Locke* (W. de Gruyter, Berlin and New York, 1981). The originality and influence of Locke's conception of language is discussed magisterially in Hans Aarsleff, *From Locke to Saussure* (Athlone Press, London, 1982).

The best introductions to Locke's political thought are Geraint Parry, *Locke* (George Allen and Unwin, 1978) and Richard Ashcraft, *Locke's Two Treatises of Government* (George Allen and Unwin, 1987); but compare Ruth W. Grant, *John Locke's Liberalism* (University of Chicago Press, 1987). The *Two Treatises* itself is discussed in J. Dunn, *The Political Thought of John Locke* (Cambridge University Press, 1969). There are now also extremely valuable overall treatments of the *Two Treatises* in A. John Simmons, *The Lockean Theory of Rights* and *On the Edge of Anarchy* (Princeton University Press, 1992). Its analysis of property is best treated in James Tully, *A Discourse of Property* (Cambridge University Press, 1980). But compare Tully's recent collection, *An Approach to Political Philosophy. Locke in Contexts* (Cambridge University Press, 1993), Jeremy Waldron's careful and forceful, *The Right to Private Property* (Clarendon Press, Oxford, 1988), C. B. Macpherson, *The Political Theory of Possessive Individualism* (Clarendon Press, Oxford, 1962), the Introduction to Istvan Hont and Michael Ignatieff (eds.), *Wealth and Virtue* (Cambridge University Press, 1983), and Matthew Kramer, *John Locke and the Origins of Private Property* (Cambridge University Press, 1997). Political obligation is discussed by W. von Leyden, *Hobbes and Locke* (Macmillan, London, 1981); compare J. Dunn, *Political Obligation in its Historical Context* (Cambridge University Press, 1980), chapter 3. On toleration see especially the essays by Dunn and Goldie in O. P. Grell, Jonathan Israel, and Nicholas Tyacke (eds.), *From Persecution to Toleration* (Clarendon Press, Oxford, 1991), and Alex Tuckness, 'Rethinking the Intolerant Locke', *American Journal of Political Science*, 46, 2002. Two major recent systematic studies of his work as a whole from a historical point of view are Ian Harris, *The Mind of John Locke* and John Marshall, *John Locke, Resistance, Religion and Responsibility* (Cambridge University

Press, 1994). Both authors (alongside John Milton and Victor Nuovo) also have extremely valuable essays in M. A. Stewart (ed.), *English Philosophy in the Age of Locke* (Clarendon Press, 2000). There are several helpful articles in J. W. Yolton (ed.), *John Locke. Problems and Perspectives* (Cambridge University Press, 1969); see especially Ashcraft and Aarsleff. The most penetrating discussion of the evolution of Locke's own political commitments is to be found in Ashcraft's study, *Revolutionary Politics* (Princeton University Press, 1986), in a number of studies by Mark Goldie, notably, 'John Locke and Anglican Royalism', *Political Studies*, March 1983, and in the Introduction to Laslett's edition of the *Two Treatises*. There is a thoughtful and politically alert analysis of Locke's understanding of the conditions for governmental legitimacy in Peter Josephson's, *The Great Art of Government: Locke's Use of Consent* (University of Kansas Press, 2002): compare Kirstie McClure, *Judging Rights: Lockean Politics and the Limits of Consent* (Cornell University Press, 1996). For the pressing issue of how far Locke succeeded or failed in doing justice to the formidably different practical predicaments and interests of women, see especially Carole Pateman, *The Sexual Contract* (Polity, 1988), and A. John Simmons, 'The Conjugal and the Political in Locke', *Locke Studies*, 1 (2001), responding to Ruth Sample's, 'Locke on Political Authority and Conjugal Authority', *The Locke Newsletter*, 31, 2000.

The writings of the main target of the *Two Treatises*, Sir Robert Filmer, are available in convenient modern editions by Peter Laslett (Basil Blackwell, Oxford, 1949) and Johann P. Somerville (Cambridge University Press, 1991). The distinctiveness of Filmer's views is best brought out in James Daly, *Sir Robert Filmer and English Political Thought* (University of Toronto Press, 1979). The background to his thinking can be approached through Gordon J. Schochet, *Patriarchalism in Political Thought* (Basil Blackwell, Oxford, 1975). The relations between the political theory of Locke and his 18th-century successors are discussed in J. Dunn, 'The Politics of Locke in England and America in the Eighteenth Century', *Political Obligation*, chapter 4, and 'From Applied Theology to Social Analysis: The break between John Locke and the Scottish Enlightenment', in Hont and

Ignatieff (eds.), *Wealth and Virtue*, in Stephen Dworetz's somewhat brash, *The Unvarnished Doctrine* (Duke University Press, 1990), and in Michael Zuckert's learned and intelligent *Natural Rights and the New Republicanism* (Princeton University Press, 1995). I have attempted to assess the varying longevity and weight of Locke's impact upon subsequent political thinking in 'What is Living and What is Dead in Locke's Political Thought', in Dunn, *Interpreting Political Responsibility* (Polity, 1990), 'The Contemporary Political Significance of John Locke's Conception of Civil Society', in Sudipta Kaviraj and Sunil Khilnani (eds.), *Civil Society: History and Possibilities* (Cambridge University Press, 2001), and 'Measuring Locke's Shadow', in *Locke's Letter on Toleration and Two Treatises of Government* (ed. Ian Shapiro, Yale University Press, 2003). There are important modern studies on Locke's political theory in French (notably those of Jean-Fabien Spitz), German, Japanese, and Italian. An annual periodical, *The Locke Newsletter* (up to 2000), now *Locke Studies*, published by Roland Hall, Department of Philosophy, University of York, provides regular information on current research into Locke's life and thought. Its first issue was an invaluable bibliography, since republished in a fuller form as Roland Hall and Roger Woolhouse, *Eighty Years of Locke Scholarship. A Bibliographical* Guide (Edinburgh University Press, 1983).

Six works which illuminate the background to important aspects of Locke's writings are Michael Hunter, *Science and Society in Restoration England* (Cambridge University Press, 1981); Quentin Skinner, *The Foundations of Modern Political Thought* (2 vols., Cambridge University Press, 1978); Richard Tuck, *Natural Rights Theories: Their Origins and Development* (Cambridge University Press, 1979); and *Philosophy and Government 1572–1651* (Cambridge University Press, 1993); John W. Yolton, *John Locke and the Way of Ideas* (Clarendon Press, Oxford, 1956); Richard H. Popkin, *The History* of *Scepticism from Erasmus to Spinoza* (University of California Press, Berkeley, 1979).

“牛津通识读本”已出书目

古典哲学的趣味
人生的意义
文学理论入门
大众经济学
历史之源
设计，无处不在
生活中的心理学
政治的历史与边界
哲学的思与惑
资本主义
美国总统制
海德格尔
我们时代的伦理学
卡夫卡是谁
考古学的过去与未来
天文学简史
社会学的意识
康德
尼采
亚里士多德的世界
西方艺术新论
全球化面面观
简明逻辑学
法哲学：价值与事实
政治哲学与幸福根基
选择理论
后殖民主义与世界格局
福柯
缤纷的语言学
达达和超现实主义
佛学概论
维特根斯坦与哲学
科学哲学
印度哲学祛魅
克尔凯郭尔
科学革命
广告
数学
叔本华
笛卡尔
基督教神学
犹太人与犹太教
现代日本
罗兰·巴特
马基雅维里
全球经济史
进化
性存在
量子理论
牛顿新传
国际移民
哈贝马斯
医学伦理
黑格尔
地球
记忆
法律
中国文学
托克维尔
休谟
分子
法国大革命
民族主义
科幻作品
罗素
美国政党与选举
美国最高法院
纪录片
大萧条与罗斯福新政
领导力
无神论
罗马共和国
美国国会
民主
英格兰文学
现代主义
网络
自闭症
德里达
浪漫主义
批判理论

德国文学
戏剧
腐败
医事法
癌症
植物
法语文学
微观经济学
湖泊
拜占庭
司法心理学
发展
农业
特洛伊战争
巴比伦尼亚
河流
战争与技术
品牌学
数学简史
物理学
行为经济学
计算机科学
儒家思想
未来
基因
恒星
儿童心理学
时装
现代拉丁美洲文学
卢梭
隐私
电影音乐
抑郁症
传染病
希腊化时代
知识
环境伦理学
美国革命
元素周期表
人口学
社会心理学
动物
项目管理
美学
管理学
卫星
国际法
计算机
亚当 · 斯密
代数
天体生物学
电影
俄罗斯文学
古典文学
大数据
洛克
幸福
免疫系统
银行学
景观设计学
神圣罗马帝国
大流行病
亚历山大大帝
气候
第二次世界大战
中世纪
工业革命
传记
公共管理
社会语言学
物质
学习
化学
天体物理学
意大利文学
海洋生物学